Infâncias e leituras

Infâncias e leituras

Presenças negras e indígenas na literatura infantil

Organizadora Márcia Licá
Ananda Luz
Carina Pataxó
Juliana Piauí
Magno Rodrigues Faria
Sonia Rosa
Tiago Hakiy

pulo do gato

INFÂNCIAS E LEITURAS – PRESENÇAS NEGRAS E INDÍGENAS NA LITERATURA INFANTIL
© edição brasileira: Editora Pulo do Gato, 2024
© Ananda Luz, Carina Pataxó, Juliana Piauí, Magno Faria, Sonia Rosa, Tiago Hakiy, Márcia Licá (org.), 2024

EDITOR E COORDENADOR PULO DO GATO Leonardo Chianca
APRESENTAÇÃO Bel Santos Mayer
ORGANIZADORA E POSFÁCIO Márcia Licá
ASSISTÊNCIA EDITORIAL Agnis Freitas
REVISÃO Ana Paula Gomes
PROJETO GRÁFICO Mayumi Okuyama
DESIGN E FINALIZAÇÃO Walkyria Garotti
IMPRESSÃO PifferPrint

A edição deste livro respeitou o novo
Acordo Ortográfico da Língua Portuguesa.

Dados Internacionais de Catalogação na Publicação (CIP)
(Câmara Brasileira do Livro, SP, Brasil)

Infâncias e leituras – Presenças negras e indígenas na literatura
   infantil / [Tiago Hakiy...[et al.]; organização Márcia Licá]. –
   São Paulo: Editora Pulo do Gato, 2024. –
   (Coleção Gato Letrado)

Outros autores: Sonia Rosa, Magno Rodrigues Faria,
Juliana Piauí, Carina Pataxó, Ananda Luz.
ISBN 978-65-87704-27-2

1. Análise literária 2. Educação e literatura 3. Infância – Aspectos
sociais 4. Infância – Estudos interculturais 5. Literatura infantojuvenil
– História e crítica I. Hakiy, Tiago. II. Rosa, Sonia. III. Faria, Magno
Rodrigues. IV. Piauí, Juliana. V. Pataxó, Carina. VI. Luz, Ananda. VII.
Licá, Márcia. VIII. Série.

24-230131   CDD-809.89282

Índices para catálogo sistemático:
1. Literatura infantojuvenil: História e crítica 809.89282
Eliete Marques da Silva – Bibliotecária – CRB-8/9580

FSC® MISTO
Papel | Apoiando o manejo florestal responsável
FSC® C044162
www.fsc.org

1ª edição • 1ª impressão • novembro • 2024
Todos os direitos desta edição reservados à Editora Pulo do Gato.

pulo do gato | Rua General Jardim, 482 • conj. 22 • cep 01223-010
São Paulo, SP, Brasil • tel.: [55 11] 3214-0228
www.editorapulodogato.com.br
@editorapulodogato

Sumário

06 *Ver, dizer e escrever as infâncias*
por Bel Santos Mayer

14 Casa de palavra preta: o protagonismo negro na Literatura Infantil, Sonia Rosa

36 Literatura Negra para as infâncias no Brasil, Juliana Piauí

84 Literatura Indígena e a Educação, Carina Oliveira Pataxó

114 A presença negra nos livros para as infâncias, Ananda Luz

146 Quais histórias não devemos deixar de contar?, Magno Rodrigues Faria

188 Manifesto Literatura Indígena: um rio de muitas histórias, Tiago Hakiy

204 *Com os pés, a alma e as flechas*
por Márcia Licá – organizadora [Posfácio]

208 SOBRE AS/OS AUTORAS/ES

Ver, dizer e escrever as infâncias

por Bel Santos Mayer[1]

[1] Bel Santos Mayer é educadora social, Mestra em Turismo (EACH/USP), coordenadora geral do Instituto Brasileiro de Estudos e Apoio Comunitário – IBEAC; cogestora da Rede LiteraSampa, membro do Grupo de Pesquisa em Direitos Humanos, Democracia, Política e Memória do Instituto de Estudos Avançados (IEA–USP).

Nossos passos vêm de longe e de muitas direções, porque as desigualdades raciais e étnicas são multifacetadas, e nenhuma resposta isolada poderá alterar o estado das coisas. Nesta publicação, as autoras e os autores abordam o tema "Presenças negras e indígenas na Literatura Infantil" a partir de suas vivências e pesquisas. Há conceitos, dados, perguntas, respostas, depoimentos, indicações bibliográficas que podem interessar os(as) que ocupam variadas posições na cadeia criativa, produtora, distribuidora e mediadora do livro.

Márcia Licá, com seu corpo-território-afro-indígena, fez uma curadoria cuidadosa e aproximou pessoas que atravessam sua trajetória como ativista, formadora, acadêmica, mediadora de leitura em bibliotecas comunitárias. São autoras(es), contadoras(es) de histórias, professoras(es), curadoras(es) de exposições e eventos – pessoas com larga experiência leitora. Esta multiplicidade se reflete nos artigos deste livro, que vão além das práticas em escolas e podem interessar a quem escreve, ilustra, lê e quer ficar um pouco mais letrado em relações raciais.

Todos os artigos, de alguma forma, tocam as Leis nº 10.639/2003 e nº 11.645/2008, as quais, respectivamente, alteraram a Lei de Diretrizes e Bases da Educação Nacional – LDB 9.394/1996, para incluir a obrigatoriedade do ensino da História e Cultura Afro-Brasileira e Africana e da História e Cultura Indígena nas escolas.

É importante destacar que, além de os legisladores terem se "esquecido" de incluir na LDB a contribuição de mais da metade da população do País (negros e indígenas), foi necessária uma década para que esta inclusão ocorresse. Talvez seja desnecessário dizer que ainda estamos longe desta efetivação. Uma pesquisa realizada pelos institutos Geledés e Alana revelou que 71% das secretarias municipais de educação brasileiras realizam poucas ou nenhuma ação para o ensino da História e Cultura Africana e Afro-brasileira.

Outro aspecto que se destaca nesta publicação é o fio da história, lembrando que embora as leis de inclusão das histórias e culturas negras e indígenas sejam um marco histórico, muito antes delas os movimentos negros e indígenas atuavam contra o racismo na Educação, inserindo a diversidade literária nas práticas pedagógicas.

Estudos como o da professora Ana Célia da Silva, que desde os anos 1990 analisa imagens estereotipadas de pessoas negras nos livros didáticos e a produção literária de autoria negra para crianças e jovens, como *Histórias da Preta* (1988), de Heloísa Pires Lima, e *O menino Nito* (1995), de Sonia Rosa – uma das autoras desta publicação –, são responsáveis por colocar mais melanina nas salas de aula e nas estantes das livrarias. Daniel Munduruku, em 1996, publicava o seu primeiro livro literário, *Histórias de índio*, e inaugurava um caminho de apresentação da diversidade cultural indígena para o público infantil e juvenil e de consolidação da "Literatura Indígena".

Em 2002, ao lado da psicóloga e ativista Cida Bento, eu coordenava a primeira edição do então Prêmio Educar para a Igualdade Racial, atual Prêmio Educar com Equidade Racial e de Gênero na Educação Básica, que nasceu com o objetivo de "mapear e identificar experiências exitosas de gestão e de práticas pedagógicas antirracistas realizadas em ambiente escolar". São mais de 3 mil práticas coletadas em 9 edições.

A análise e seleção de livros é tema presente nos vários artigos desta publicação. Há tempos sabemos que não se trata de simplesmente pintar as personagens de marrom ou preto, colocar umas vestes coloridas e jogar meia dúzia de palavras-clichês relacionadas à memória, tradição, preservação da natureza para se garantir referências afro-indígenas na literatura. É preciso muito mais. Sonia Rosa, por exemplo, cunhou o termo "Literatura Negro-Afetiva para crianças e jovens" como uma forma de classificação da sua obra e de reafirmação de que a autoimagem das crianças negras não está à venda. A produção literária há que considerar a diversidade humana e a complexidade das nossas existências.

Nesta décima-primeira publicação da Gato Letrado, as(os) autoras(es) que beberam nas fontes das que vieram antes, retribuem com novos olhares e dando mais alguns passos para ampliar o debate e as perguntas sobre o tema: O que é Literatura Negra? O que é Literatura Indígena? O que se ganha e o que se perde ao classificar uma literatura como de autoria negra ou de autoria indígena? É preciso autorização para escrever sobre vidas negras e indígenas? Quem está autorizado(a) a fazê-lo?

No artigo *Literatura Indígena e a Educação*, Carina Oliveira Pataxó recupera o tratamento estereotipado e violento dado aos(às) indígenas pela sociedade brasileira e como a produção literária indígena tem aberto caminhos para o (re)conhecimento dos povos, preservação da memória e ocupação de novos espaços, como o criado por ela nas redes sociais para reunir autoras(es) indígenas e suas obras. Cabe perguntar: Quantos autores(as) indígenas você conhece? Quantos você leu? A quais grupos étnicos pertencem? Tiago Hakiy, indígena Sateré-Mawé, é um bibliotecário que navega nas águas das histórias do seu povo, banha-se nelas para preservar uma memória ancestral, em agradecimento aos corpos do povo Sateré-Mawé por serem guardiões de saberes e fazeres que são parte (e não fragmento) do Brasil.

Ananda Luz tem entre seus fazeres a curadoria da exposição "Karingana – Presenças Negras no Livro para as Infâncias", que abrigou 92 trabalhos de 47 autoras(es) negras(os), a partir dos *Valores Civilizatórios Afro-brasileiros*, organizados pela mestra-encantada Azoilda Loretto da Trindade (1957–2015). Ananda transformou invisibilidade em espetáculo. Em seu artigo, reforça a necessidade da escolha cuidadosa de livros que não sejam "espelhos de distorções", como poetizou Audre Lorde (1934-1992).

O contador de histórias (e não apenas) Magno Faria tem a habilidade de capturar olhares, ocupar corpos e espaços com palavras bem escolhidas. Sou testemunha da magia da sua contação. Em seu artigo, fala dessa magia-compromisso de narrar "histórias que não podem deixar de ser contadas", histórias que pulsam a vida que acontece nas ruas.

Este livro sobre *Infâncias e Leituras* só poderia acontecer no plural e na singularidade das *Presenças negras e indígenas na literatura infantil*, nos afastando do imaginário de "criança universal" como bem analisado por Juliana Piauí que, entre outras reflexões sensíveis e profundas, inclui cerca de 20 termos utilizados em território brasileiro para se referir às crianças.

Daí de onde você nos lê, deve haver outros jeitos, ainda, de ver, dizer e escrever as infâncias. Experimente! Boa leitura!

Casa de palavra preta: o protagonismo negro na Literatura Infantil

Sonia Rosa[1]

---

[1] Sonia Rosa é carioca, escritora, mestre em Relações Étnico-Raciais, professora, contadora de histórias e consultora de Letramento Racial em escolas do Rio de Janeiro.

PALAVRAS ABRAÇANTES

Sou de um tempo em que os livros não chegavam em todas as casas. Em minha casa de criança, eles nunca chegavam. Eram outras as demandas da minha família. No entanto, as histórias contadas por minha mãe e minha tia entravam pelas portas, janelas e telhados e iam morar em nossos corações e pensamentos.

Aquelas narrativas orais inesquecíveis eram histórias de encantamento, de amor, de ensinamento, de superação. Compartilhavam no dia a dia os provérbios e as "simpatias" para entender e melhorar as vidas. Havia também as rezas para abençoar as difíceis caminhadas e a presença, marcante, das "poesias de amor" para nunca esquecer que este sentimento de nome *amor* é, e será sempre, o tempero da vida.

Todas as palavras eram simples, ditas em voz alta para que fossem entendidas por qualquer pessoa. Palavras rimadas, cheias de potência, sabedoria e esperança. Faladas com bom timbre, sonoridade, ritmo e cadência envolventes, que lhes atribuíam uma certa musicalidade neste contar. Eram palavras "abraçantes" e cheias de afeto, de fato. Foi assim o início da minha paixão pela palavra. E toda essa vivência peculiar com a palavra no seu estágio mais genuíno me levou mais tarde a ter uma relação intensa com os livros, o ato de ler, a poesia, a leitura literária e... com a escrita literária.

Identifico que as variadas histórias ouvidas estimularam a minha imaginação desde pequena e fortaleceram a amizade construída com a palavra falada em voz alta. Uma formação especialíssima e de fundamental importância para o meu ofício de escritora hoje. Pois é lá, na minha casa de criança, que encontro a fonte transbordante de inspiração para construir minhas histórias. Aos sete anos, entrei na escola, e os livros, onde moravam algumas histórias que já conhecia oralmente, foram me envolvendo cada vez mais, sendo agora palavras apresentadas no formato de escrita, para ser lida, muitas delas ampliadas por imagens... Por tudo isso, quando escrevo, não consigo me desvencilhar dos ensinamentos da minha casa tão preta, tão parda, tão negra. A palavra como protagonista dos dias, com sua força e seus invariáveis atributos. Palavras para amar, usar e abusar em suas variadas modalidades.

VALORES CIVILIZATÓRIOS AFRO-BRASILEIROS E LETRAMENTO RACIAL

Azoilda Trindade, que nos deixou em 2015, baiana de nascença e carioca de coração, professora universitária, intelectual negra de grande importância para uma educação antirracista, publicou diversos estudos nessa área. Em 2004, foi coordenadora pedagógica do projeto "A cor da Cultura", criado em parceria com o Canal Futura e outras instituições. Grande legado, que pode ser acessado gratuitamente, composto por valiosas contribuições de documentários, contações de histórias e dicas fundamentais para o cotidiano escolar numa perspectiva antirracista.

Quando identifiquei os valores civilizatórios afro-brasileiros presentes nos estudos de Azoilda Trindade e tão presentes também na minha infância, fiquei muito contente e emocionada. Fui formada pela *oralidade*, que é um desses valores. Ele é muito precioso para mim, junto aos outros valores que moravam, de forma espontânea, dentro da minha casa, como a religiosidade, a musicalidade, a ludicidade, a energia vital, a corporeidade, a memória e a ancestralidade. Todos eles me ajudaram a crescer e a entender o mundo e as coisas do mundo. Compreender e falar sobre a cultura afro-brasileira a partir destes valores e em conexão com as vidas negras, nos fortalece e amplia nossos saberes, nosso compromisso e nossa responsabilidade. Abracemos esses valores civilizatórios afro-brasileiros dentro do espaço escolar, considerando que eles são grandes aliados para a efetivação das Leis nº 10.639/2003 e nº 11.645/2008 – a primeira obriga o ensino sobre as culturas africana e afro-brasileira dentro dos currículos de todas as escolas brasileiras, as públicas e as privadas. E a Lei nº 11.645/2008 amplia para a inclusão nos currículos também os indígenas com sua história, força e resistência. Esses valores contribuíram para a constituição da minha identidade, de minhas subjetividades, tornando-me a pessoa que sou, nos livros e na vida.

Escrevo, especialmente, literatura para crianças e jovens. Minha obra, como um todo, tem uma especificidade: meus personagens são majoritariamente pretos e pardos; logo, negros. São eles os meus protagonistas (tão queridos!). Cada personagem com sua singularidade, vivendo os seus cotidianos repletos de desafios, superações, dores, sustos, sonhos, alegria e muito amor. Crio ficções infantis de variados temas! Em meus livros, os meus leitores encontrarão muita representatividade negra através de narrativas e de imagens criadas por ilustradores que compreendem a importância dessa representatividade positiva para povoar o imaginário das crianças e atuar contribuindo para o fortalecimento da autoestima da criança preta.

Importante ressaltar que os livros com essas características – personagens negros, temáticas afro-brasileiras e/ou africanas, saberes raciais – podem atuar como letramento racial. *Letramento* é um conceito que migrou dos estudos da alfabetização e que ganhou novas nuances: letramento digital, matemático, astronômico, científico etc. O letramento racial trata de saberes ligados a racialidades. São conhecimentos fundamentais para uma relação racial saudável no conviver cotidiano. Em outras palavras, o letramento racial atua nas convivências sociais. A teórica especialista em branquitude, Lia Vainer Schucman, nos diz que o letramento racial se dá a partir de cinco fundamentos básicos: o reconhecimento da branquitude; o entendimento de que o racismo é um problema atual, e não apenas um legado histórico; o entendimento de que as identidades raciais são aprendidas; a apropriação de uma gramática e de um vocabulário racial; e a capacidade de interpretar os códigos e práticas racializadas. A professora Aparecida Ferreira de Jesus atua junto a professores no sul do País com pesquisas de letramento racial crítico através de narrativas autobiográficas. Muito importante lembrar que este conceito precisa ser apreendido por todos, mas especialmente pela população branca, afinal, foram os brancos que inventaram o racismo. Para aprofundamento desses estudos, sugiro a doutora em Psicologia e intelectual negra, Cida Bento, uma das pesquisadoras desse conceito de branquitude, que é a racialização da pessoa branca e os privilégios que usufrui por conta de seu fenótipo e a cor de sua pele.

NOMEAR O RACISMO

Este é um assunto de interesse de todos nós, brancos e negros... O reconhecimento dos privilégios que uma pessoa branca tem desde que nasce já é um bom começo para o avanço das discussões e uma mudança efetiva de comportamento para o enfrentamento do racismo que nos atravessa os dias e as noites. Identificar e nomear o racismo é fundamental. Ter a consciência da presença nefasta dele, dentro e fora da escola, dentro e fora das casas, na rua, no restaurante, no campo de futebol, em todos os lugares, precisa ser o compromisso pessoal e também a responsabilidade social de todos nós de não contribuir, sob nenhum aspecto, para que ele se perpetue. Não devemos nos calar, fingir que não estamos entendendo. Que apontemos, discutamos, reflitamos e avancemos nesta pauta, tão cara para a população negra. Não permitamos que o racismo seja praticado na nossa frente e nem que ataque as pessoas negras. O racismo pode levar até a destruição psíquica de uma pessoa.

Não deixemos que o racismo atinja nenhuma criança. As crianças negras precisam que suas infâncias sejam preservadas e acolhidas nas suas singularidades. Todas as crianças importam. Não esqueçamos que o racismo é crime em nossa sociedade. Ainda tem gente que não sabe disso. Ou sabe e não quer saber. Quando estivermos na rua, na escola, nas festas de família ou lendo um livro, sejamos críticos e fiquemos atentos às mensagens contidas nas entrelinhas das conversas e dos comentários. Identifiquemos, quando for o caso, as piadinhas de base racista, e nos posicionemos quanto a esse comportamento naturalizado do racismo recreativo, ainda tão presente em nossa sociedade. Sugiro aqui a leitura do livro *Racismo recreativo*[2], do professor e doutor Adilson Moreira. A vida de uma pessoa negra deve ser respeitada, não há concessão para o contrário. E, como nos ensina Angela Davis, ativista negra norte-americana: "Numa sociedade

---

2 *Racismo recreativo*, de Adilson Moreira, Coleção Feminismos Plurais (coord. Djamila Ribeiro), Editora Jandaíra (Pólen), 2019.

racista, não basta não ser racista. É necessário ser antir-racista"[3]. É na prática social que vamos intervir para a mudança. É um processo lento. Não é uma tarefa só dos negros, ou só dos brancos; é uma tarefa de todos nós. Os negros são vitimados por essa conduta nefasta enraiza-da em nossa sociedade, e os brancos devem ser aliados, com responsabilidade sobre a causa e com consciência dos privilégios que possuem por serem pessoas bran-cas numa sociedade racista. Este sentimento de coletivo, todos juntos, em prol de uma convivência mais justa, equitativa, respeitosa e saudável é necessário. Que não haja silenciamento, invisibilidade, segregação para a pes-soa negra em nenhum espaço social. Importante lembrar que essa discussão sobre as questões raciais é a pauta do mundo, está dentro da nossa contemporaneidade. Não tem mais volta. Sigamos em frente. Não é fácil. Não é imediato. Mas é muito necessário esse processo edu-cativo, esse letramento racial, que pode se iniciar com a leitura de livros infantis escritos e ilustrados por autores negros, com representatividade negra através dos textos e das imagens.

3 *Mulheres, raça e classe*, de Angela Davis, Boitempo Editorial, 2016.

DIVERSIDADE E REPRESENTATIVIDADE

Precisamos enegrecer cada vez mais o campo da literatura. É urgente contar outras histórias, como nos sugere a escritora nigeriana Chimamanda Ngozi Adichie. É urgente que a diversidade racial dos personagens seja apresentada ao longo do livro de maneira natural, sem susto. Essa característica não deve ser considerada como algo exótico. Pessoas negras, em destaque, precisam estar dentro das narrativas dos livros para crianças (e também de adultos). Isto precisa ser entendido como normal. Não pode causar espanto. Trata-se de uma aprendizagem coletiva e necessária, de que sejamos capazes de nos deslocar da base eurocêntrica, que sempre foi a tônica das literaturas para as infâncias brasileiras, e apreciar os livros de literatura com a diversidade racial pulsante. Façamos leituras de autores e autoras negras que marcaram e marcam a formação do imaginário das infâncias brasileiras na nossa contemporaneidade. Leiamos juntos com nossas crianças: Kiusan de Oliveira, Otávio Júnior, Patrícia Santana, Heloisa Pires Lima, Caio Zero, Josias Marinho, Carol Fernandes, Ana Fátima e tantos outros.

Temos uma chave importantíssima na discussão racial dentro das escolas brasileiras: a Lei federal nº 10.639/2003 (que foi ampliada pela Lei nº 11.645/2008). Essa lei veio ao encontro dessa urgência de pautar a contribuição negra para a construção do Brasil e a valorização do povo negro, sua história e seu legado nas artes, cultura e ciência. Ela estimulou a representatividade nos livros infantis. E, por incrível que pareça, foi legitimada pelo mercado editorial, que percebeu, no pós-lei, uma deficiência de circulação de livros de literatura com a temática afro-brasileira, africana e negra para infância e juventude. Numa perspectiva de auxiliar os professores no cumprimento dessa lei tão importante foram publicadas diversas obras nesta linha e com a tentativa de protagonismo negro. Digo tentativa porque, lamentavelmente, algumas publicações foram na contramão da valorização dos personagens negros. Na época, muitos equívocos foram praticados em livros de grande circulação. Mas sabemos que os conhecimentos relacionados a essa matéria eram poucos naqueles tempos. Os livros lançados no mercado, sobre a temática em questão, foram evoluindo para uma discussão saudável da relação racial com representatividade positiva em narrativas textuais e visuais. Mas ainda precisamos ficar muito atentos, porque o racismo tem múltiplas facetas. E a análise de um livro infantil, no que tange à questão racial, deve ser muito criteriosa.

Produzir livros respeitosos, bonitos e com muito protagonismo negro é o compromisso de muitos editores nos dias de hoje. Acredita-se, sem nenhuma dúvida, que essas representatividades positivas formam jovens leitores numa perspectiva antirracista. O jovem e a criança negra se veem representados, o que fortalece sua identidade. A criança e o jovem branco têm a oportunidade, no contato com essas literaturas, de ampliarem o conhecimento de mundo e desenvolverem afeto e respeito às diferenças.

A diversidade é linda. O que não é linda é a desigualdade. E todo esse legado vai melhorando as relações sociais. E a diversidade racial vai se tornando pauta dentro e fora da escola. Estamos no processo, avançamos, mas temos ainda um longo caminho pela frente.

Não nos iludamos. O racismo não dá trégua. Ele tem muitos disfarces.

O MEU MENINO NITO

Quando inventei a história do meu primeiro livro, *O menino Nito*, no ano de 1988, já tinha a certeza de que meu personagem seria um protagonista negro. A publicação só aconteceu no ano de 1995. E foi um diferencial na minha vida. O meu "menino Nito" me provocou a estudar incansavelmente sobre o racismo que nos atravessa os dias e o impacto da representatividade negra na literatura voltada para os jovens leitores. O meu protagonista era um menino negro, semelhante aos meus irmãos, meus primos, meus vizinhos, meus alunos. Para mim era algo muito natural. Mas logo descobri, pelo excesso das indagações carregadas de indignação sobre o porquê da escolha do tom de pele negro do meu protagonista, que essa escolha causava um incômodo enorme... Esta singularidade no meu livro causava um estranhamento aos meus leitores (tão críticos!). Como assim? Um menino negro protagonista? Isto era considerado inadmissível para muitos naqueles anos 1990! Um deslocamento, uma desconstrução, uma mudança de paradigma. Eu me assustava com as hostilidades das abordagens. Estava começando uma carreira nova. Não entendia a fundo o que estava por trás daqueles incômodos que provocava tão exaltadas críticas de especialistas de leitura, que diziam que meu livro era um livro racista por trazer tantos personagens negros. Por conta dessa situação desconfortante, que vivenciava em todo encontro literário para falar de minha obra, fui estudar sobre o assunto. Precisava me fundamentar de forma consistente, me fortalecer para entender o meu lugar no mundo – uma professora/escritora negra de origem pobre. Tomei consciência, através da leitura de variados autores, de todo o processo que vivia. Foi ficando evidente para mim o porquê do impacto que meu livro causava em autores veteranos e/ou especialistas da área da leitura e literatura, e fui compreendendo melhor os apontamentos raivosos relacionados ao meu livro. Primeiro, experimentei tristeza e indignação; depois, esses sentimentos se transformaram em garra e compromisso.

A realidade se configurou evidente para mim: tratava-se de racismo! As falas, os estranhamentos, as colocações inquisitórias com formatos "inocentes". Era tudo racismo! O racismo é cruel. Toda gente sabe que os livros formam mentalidades. Este é o ponto. Como protagonizar, em um livro de estreia, uma criança preta que tem família, pai, mãe, casa bonita, médico em casa? O Nito, personagem, é um menino comum, que como toda criança, tem questões próprias e é atravessado pelas relações familiares como um todo, e afetado, particularmente, pela opinião dos adultos sobre seu comportamento. Desenvolvi estratégias de sobrevivência e fiquei com um olhar mais crítico às falas das pessoas do "mundo dos livros", muitas delas carregadas de referências eurocentradas; personagens brancos, com vivências brancas, histórias de lugares muito brancos, onde a neve faz parte dos cenários ficcionais. São os cachos dourados, os olhos azuis, muito azuis, a pele branca como neve... E outras tantas referências brancas, de beleza, bondade, organização familiar, riqueza, aristocracia, sucesso, inteligência, amor e outros sentimentos ditos "nobres".

Fui, ao longo dos anos, focando meus estudos nas questões raciais, no Brasil e no mundo, até chegar ao Mestrado[4] em 2017, no qual dei continuidade aos meus estudos, que nunca se esgotam...

Quando concluí o Mestrado, continuei refletindo sobre meus livros e suas características. Criei um conceito de literatura: **literatura negro–afetiva para crianças e jovens**. Ele se ancora na minha obra como um todo. É facilmente identificável que apresento uma literatura com muitos personagens negros e muito amor. Estudando, aprendi que o racista não identifica humanidade na pessoa negra. O amor é um sentimento nobre, o protagonista das vidas e a plenitude dos seres humanos. Meus personagens são cheios de amor e de humanidade, logo, faço uma desconstrução ao pensamento do racista, reforçando e fortalecendo a identidade negra. Tenho tanta alegria nisso! Quem quiser ler na íntegra meu conceito, favor entrar no Portal do Geledés (www.geledes.org.br) e buscar "literatura negro–afetiva para crianças e jovens".

---

4 "A Literatura infantil afro-brasileira como Letramento racial e fortalecimento das identidades negras: uma narrativa autobiográfica." Mestrado em Relações Étnico-Raciais; dissertação defendida no Centro Federal de Educação Tecnológica Celso Suckow da Fonseca – CEFET/RJ, 2019.

A URGÊNCIA DA REPRESENTATIVIDADE NEGRA NA LITERATURA INFANTIL

Mas, hoje, nesses tempos pós-pandêmicos e com um mundo ainda mais conectado, faço uma pergunta pontual: Por que é tão urgente a representatividade negra na literatura infantil? A resposta é simples e complexa: para formar crianças. Explico: os livros formam mentalidades. E, ao longo da história da literatura para as infâncias no Brasil, os livros, em sua maioria, apresentavam narrativas que não contemplavam ou respeitavam o personagem negro, quer ele fosse uma criança ou um adulto. Eram apresentadas, para esses personagens, abordagens preconceituosas, estereotipadas, desumanizadas. O personagem negro quase nunca era protagonista. E as imagens feitas por ilustradores (muitas vezes, renomados) eram oferecidas aos leitores crianças com desatenção aos personagens negros, muitas vezes em situação de subalternidade, outras vezes olhando para baixo, com semblante entristecido. Algumas ilustrações eram desrespeitosas quando as imagens retratavam o cabelo dos personagens, numa estética descuidada. Outras ilustrações ofereciam personagens negros descalços e quase sempre na margem das páginas, quase nunca no centro da imagem, com um destaque positivo.

E foi ao longo dessas deformações educativas, no que tange à questão racial, que se foram construindo as subjetividades das crianças que acessavam as leituras dos livros com essas características, antigamente. Essas literaturas atuavam de formas diferentes para os leitores racialmente distintos. Elas fortaleciam a superioridade da criança branca e instauravam o sentimento de inferioridade na criança negra. Assim, no contato com essas representatividades negras negativas, tão presentes na literatura infantil de ontem, que o racismo foi se naturalizando e mantendo a sua marca. Essas literaturas reforçaram o racismo, atuando como agentes dele.

No Brasil, final do século XX, a formação literária das crianças ia nessa linha de referências eurocêntricas. Alguns autores, como Ana Maria Machado, com sua *Menina bonita do laço de fita* (1986) e Ziraldo, com *O menino marrom* (1986), faziam suas tentativas de atingir a discussão/reflexão sobre a diversidade; o racismo não era pauta da sociedade, estava naturalizado, causando descaso e desvalor às existências negras, nos livros e na vida. Essas obras, desses autores tão renomados, numa crítica atualizada, com elementos de estudos e pesquisas, que não tínhamos antes, apresentavam questões identitárias dos personagens. Esses, embalados por uma ludicidade sedutora para os leitores, não fortaleciam, com responsabilidade, a discussão racial. Interessante observar que, na perspectiva do olhar de ontem, os professores e as famílias estavam convencidos de que esses livros fariam a diferença para a formação e trariam melhorias das relações raciais na sociedade brasileira naqueles tempos. Grande equívoco, porque apesar de terem feito muito sucesso, eles não melhoraram as relações raciais, ao contrário, reforçaram preconceitos e provocaram uma discussão rasa sobre a temática racial, assunto tão sério e sensível.

Assim, os cânones literários ficavam (e ficam ainda) acima do bem e do mal... No entanto, escrever a própria existência preta, preferencialmente em primeira pessoa, rompe com um "paradigma sagrado", ficcional, de um jeito clássico (leia-se branco) de fazer literatura, em que toda uma construção de enredos e personagens tem apenas uma paleta de cor de pele – branca. Os personagens "não brancos" são apresentados como uma sombra, sem relevância para o texto, ou para o leitor clássico (leia-se branco). A literatura de então reproduzia a sociedade racista, não protagonizando positivamente o "outro" – esse outro sendo o pardo, preto e indígena. Mesmo sabendo de forma evidente que esses "outros" faziam e fazem parte do cenário da vida real e eram e são maioria.

Paralelamente, tínhamos os textos pautados na diversidade racial circulando por alguns lares e espaços escolares.

Os livros de Geni Guimarães, Júlio Emílio Braz, Joel Rufino dos Santos, Rogério Andrade Barbosa, reproduziam através de suas escritas o cotidiano negro e a ambiência afro-brasileira e/ou africana, tudo numa perspectiva de, como nos aponta genialmente o professor doutor e poeta Cuti, "trata-se de uma inconsciência negra de ser..."[5]. Muito verdadeiros, esses textos estavam ancorados na vida, nas experiências dos autores.

Conceição Evaristo, linguista, doutora em Literatura Comparada[6] e grande autora afro-brasileira, nos oferece o conceito de "escrevivências" para um melhor entendimento desse processo. Escrever as vivências. São verdades oferecidas em narrativas da memória de um viver que uma pessoa branca dificilmente alcança. Neste ponto, gostaria de fazer uma pequena reflexão sobre a força existente entre a conexão do conceito de escrevivência "evarestiano" e o entendimento da "inconsciência negra de ser retirado" dos escritos de Cuti. São apontamentos convergentes e fundamentais para a compreensão do cenário do mercado editorial brasileiro na atualidade e o cami-

5 *Literatura negro-brasileira*, in Coleção Retratos do Brasil Negro, Selo Negro Edições, 2010.

6 Doutora em Literatura Comparada pela Universidade Federal Fluminense com a tese "Poemas malungos, cânticos irmãos", defendida em 2011.

nho da resistência dessa literatura não eurocêntrica, não colonial, não embranquecida – desde os anos 1970, com a publicação dos *Cadernos Negros*, coordenados pelo autor, um marco nessa resistência literária negra –, um intenso e difícil movimento de desconstrução de uma única forma fundamentada de se fazer literatura, para oferecer "outras maneiras de fazer arte literária", e que proporcionaram a abertura de novos horizontes para negros e negras.

Reverencio os novos nomes de escritores negros e negras que chegam a cada dia com sua competência e sensibilidade, trazendo suas memórias para dentro do livro e corajosamente compartilhando esses sentimentos, essas pérolas do viver... Mas avançamos e continuamos avançando. Foram séculos de marginalização, silenciamento, descaso e descrédito à nossa forma de escrever e viver. Sofremos críticas às nossas marcas de oralidade dentro do nosso fazer literário. Causamos, ainda, muito desconforto à branquitude, muita ira ainda despertamos; a branquitude não quer perder os seus privilégios e seu protagonismo histórico. Mas, fica aqui um lembrete: os espaços literários são amplos e diversos, logo, há espaço para todos. Ninguém precisa ficar preocupado!

Nossas referências, Conceição Evaristo e Cuti, são escritores, autoridades no assunto, ativistas da palavra, da palavra negra especificamente, e nos oferecem, há décadas, um deslocamento da forma única de pensar e consumir literatura brasileira. Além disso, ambos são doutores no assunto, e criam epistemologias numa outra perspectiva, isto é, pautando as vidas negras, os saberes negros, os sentimentos negros, o cotidiano negro, as infinitas histórias não contadas de heroísmo e sucesso dos negros, através de poesias diversas em suas variadas facetas.

Pensando ainda na "inconsciência negra de ser", Cuti explica o incômodo que nós, pessoas negras, sentimos quando pessoas não negras querem se apropriar de nossas vidas, e falar de nós, do nosso cotidiano – em verso e em prosa –, sobre uma vida que nunca viveram, nunca viverão, nunca sentirão na pele. Podem escrever sobre isso? Até podem, e são criações literárias com o seu valor... Mas é muito diferente a escrita literária do cotidiano preto de um ser humano negro que deseja compartilhar sua literatura cheia de sentimentos. Atualmente, a literatura negra contemporânea está presente em diversos espaços culturais, como seminários, colóquios, feiras literárias, livrarias, universidades e escolas. Será sempre bem-vinda, admirada e necessária.

Venho de uma família simples, mas cheia de histórias de resistência, solidariedade e amor. Sou muito grata por isso. Tudo isso fez uma enorme diferença na minha maneira de ser e de escrever. Registro essas vivências familiares em palavras sensíveis, em verso e prosa.

Meus livros refletem esta minha forma de pensar e estar no mundo. E trago para dentro dos meus livros muita representatividade negra e referências pretas porque fui formada com esses ensinamentos e numa ambiência que me possibilitou tais aprendizagens.

Mas... Por que ainda hoje, em pleno século XXI, é tão urgente essa representatividade negra na literatura infantil? Refletindo sobre esta indagação – que é a pergunta que não quer calar –, digo que é para formar as crianças da melhor maneira possível, numa perspectiva de diálogo com a contemporaneidade. Afinal, o livro é cheio de ideias, e ideias formam pessoas e, infelizmente, pode também deformar gentes. Que todas as crianças, de qualquer tom de pele, se sintam confortáveis ao folhear e ler um livro direcionado às infâncias. Que esses livros respeitem as infâncias plurais brasileiras, apresentando textos e imagens que não agridam os pequenos leitores, como aconteceu num passado recente. Que os personagens negros sejam retratados com responsabilidade e respeito. Lembremos que a leitura é um direito da criança, e o livro contribui para o aumento do número de seres críticos, pensantes e sensíveis às causas contemporâneas do mundo. E que, em última instância, ajuda a melhorar o mundo.

Eu percebo uma mudança em curso. E isto me deixa bem otimista! Viva as crianças do Brasil!

Literatura Negra para as infâncias no Brasil

Juliana Piauí[1]

---

[1] Juliana Piauí é mulher negra ladinoamefricana, mãe, ativista, coletivizada, trabalhadora, pesquisadora. É da comunidade Real Parque, na cidade de São Paulo, com raízes no semiárido baiano e agreste pernambucano. É educadora, com formação em Pedagogia, Gestão de Políticas Públicas e Literatura para crianças e jovens.

Organizado em quatro seções, este ensaio traz algumas reflexões sobre literatura negra para crianças no Brasil.

A primeira seção discute a literatura como direito humano e tece alguns fios de análise sobre o acesso e usufruto ao acervo literário produzido pelas coletividades humanas e o que essa construção material, cultural e simbólica representa em termos de subjetividade, histórias, imaginação e poder.

A segunda seção traz de maneira breve a história da literatura infantil no Brasil e como ela forneceu um repositório de imagens consagradas do que é ser criança e de quem é criança, assimilando, no plano estético-simbólico ficcional da literatura para crianças, formas de representação social que remetem à ideia da "criança universal", identificada com a imagem da criança branca.

Ao trazer a lume concepções de infância, a terceira seção se dedica a refletir sobre imagens construídas historicamente em torno das crianças negras, em que o olhar *exógeno* branco ocidental fabricou imagens de controle associadas ao perigo e subalternidade deste grupo social.

A partir de uma perspectiva *endógena*, a quarta seção traz a pluralidade existente na ideia de infância e de criança, o que faz com que essa expressão não possa ser enquadrada dentro de esquemas normativos ocidentais sobre infância. Com isso, é feita uma incursão na literatura negra para crianças, campo em ascensão que tem buscado o (re)florestamento da literatura para as infâncias a partir de memórias e imaginários diversos.

O ensaio, portanto, mobiliza e articula noções de literatura, criança, infância e literatura negra para crianças, sugerindo como esses fios formam uma trama complexa. Também argumenta sobre a importância de que as crianças sejam socializadas ao longo de suas experiências leitoras em universos culturais e simbólicos que lhes permitam perceber e conceber as múltiplas possibilidades de ser, viver, sentir e conviver.

I – LITERATURA COMO DIREITO DO SER E DE SER...[2]

Quando olhamos para a história da literatura, é possível reconhecer distintos paradigmas: a literatura como algo destinado apenas a um estrato da sociedade, portanto, como símbolo de poder e diferenciação entre grupos sociais; a literatura como algo supérfluo, secundário, objeto de consumo e entretenimento; a literatura como instituição concentrada na mão de poucos, em que as obras literárias suscitam formas hegemônicas de inscrição de mundo nos livros, proclamadas como universais; a literatura como fogo insubmisso, que acende as faíscas das moralidades e normatividades, abrindo passagem à imaginação de formas de ser, ver, sentir, pensar e conviver menos estandardizadas e convencionais.

Há muitas trilhas por onde podemos pensar a história social da literatura, ou uma filosofia da literatura, ou

---

2 Esta seção reúne alguns trechos que escrevi para minha participação em uma roda de conversa virtual em abril de 2022. Portanto, os indicadores sociais e os respectivos contextos de análise que aparecem aqui refletem particularmente aquele momento. Ao leitor, possivelmente ficarão visíveis farpas, feridas e faíscas entranhadas nos dados e nas posições que os seguem, algo que condiz com o abismo político, social, cultural, econômico, ambiental e de saúde pública que houve durante o governo que findava naquele ano, marcado pelo autoritarismo, fundamentalismo e propagação da estética do ódio e da violência.

o que chamamos de teoria crítica literária, e os conflitos, dilemas e contradições imanentes à sua existência. Aprofundar esse assunto iria requerer uma escrita dedicada a essa temática, esforço que vem sendo empreendido por pesquisadoras/es do campo dos estudos literários, mas na qual não me debruçarei aqui.

No entanto, o realce que eu gostaria de oferecer a essa escrita é o da literatura como *direito humano*, algo defendido pelo sociólogo e crítico literário Antonio Candido (1995) em sua obra seminal *O direito à literatura* (1995).

Como direito, ela não aparece escrita de forma direta na Constituição Brasileira de 1988. Então, o que faz dela um direito inalienável? Por que se atribui à literatura certa noção de poder?

Enquanto eu fazia essa escrita, refletia o quanto pode ser tentador essa agenda perder fôlego e sentido diante da realidade contemporânea brasileira, em que 12 milhões de pessoas se encontram desempregadas[3], sendo que cerca de 40% delas estão desalentadas e 25% estão em condição de subutilização.

Então, o que pode a literatura em um cenário como esse?

---

3 Cerca de 12 milhões de pessoas no 1º. trimestre de 2022 contra cerca de 7,5 milhões de pessoas no 2º. trimestre de 2024, segundo dados do Instituto Brasileiro de Geografia e Estatística (IBGE).

O que é a literatura em um contexto em que, de acordo com a Rede Penssan[4] (2021), 116,8 milhões de brasileiras e brasileiros não contam com acesso permanente e integral a alimentos, dos quais 43,4% não dispõem de alimentos em quantidade suficiente e 9% convivem com a fome?

Para compor esse cenário, seria possível incluir outros tantos indicadores, mas, olhando para esses, por exemplo, iremos perceber o que eles nos mostram em termos de marcadores sociais de cor/raça, gênero, níveis de escolaridade, em que as mulheres negras aparecem como grupo em situação de maior vulnerabilidade. Também as crianças aparecem entre os grupos mais afetados quando olhamos para os indicadores sociais.

E como, diante de um panorama como esse, sustentamos a ideia de que o acesso e usufruto à literatura tem importância?

Aqui, buscarei delinear algumas ideias sobre isso, sem a intenção de esgotar um assunto tão amplo.

Uma ideia tem a ver com o fato de que a democratização do acesso à Educação e à Cultura, instâncias nas quais se insere a literatura, foi algo estratégico e

---

4 Rede Brasileira de Pesquisa em Soberania e Segurança Alimentar e Nutricional, que reúne centenas de pesquisadores de diversos institutos de ensino e pesquisa.

estruturante em países obstinados a enfrentar crises sociais e econômicas, e até mesmo guerras. Não à toa, a Declaração Universal dos Direitos Humanos (DUDH) passou a ser adotada pela Organização das Nações Unidas (ONU) em 1948, logo após a Segunda Guerra Mundial.

Inevitavelmente, uma leitura crítica em torno das pretensões da DUDH se faz necessária quando a contrastamos com a realidade. A concepção de humanidade, cristalizada na Carta, não abrangia do ponto de vista prático todos os tipos humanos e as múltiplas subjetividades e condições que constituem o espectro que denominamos "humanidade".

Enquanto a Declaração estabelecia marcos civilizatórios para o convívio global e local entre seres humanos, o mundo convivia com o crescente estado de exploração, empobrecimento e desigualdades nos "rincões" do planeta: o imperialismo capitalista com sua sede expansionista seguia a marcha colonial, difundindo sistemas de valores (culturais, políticos, sociais, econômicos, espirituais, ambientais) através de diferentes mecanismos que demarcavam quem era mais e menos humano.

Embora a DUDH tenha surgido em um cenário marcado por contradição, sistemas de proteção de direitos humanos foram construídos, com seus conflitos, limites e contradições internas, tendo a Declaração Universal como referência. É o caso da Constituição Brasileira, signatária da DUDH, que em meio a um contexto social bastante deflagrado, instituiu em 1988 a Carta Magna do País.

Dessa forma, é possível estabelecer os liames entre conflitos e injustiça social, com a necessidade de demarcação de direitos que possibilitem maior e melhor distribuição de bens tangíveis (como alimento, casa, roupa etc.) e bens substantivos (arte, cultura, educação etc.) para sujeitos e grupos que se encontram em situação social e histórica de desigualdade, que longe de ser um fator natural, é reflexo de um tipo de organização social da vida alicerçada na exploração e dominação capitalista, princípios e valores de longa duração que habitam o espírito humano colonial até os dias de hoje.

Também é importante observar como países com histórico e tendência ao autoritarismo administram aquelas obras culturais que questionam e/ou "transgridem" certas normatividades. Há sempre a tentativa de censurar, esvaziar, constranger ou limitar a circulação desse tipo de repertório, o que denota franco entendimento de que o acesso a determinados conteúdos de artes, que nos fazem pensar e que convulsionam supostas verdades e certezas, é sinal de perigo.

Outro ponto que podemos enfatizar diz respeito ao quanto a priorização ao acesso democrático à literatura está relacionada com o fato de o mundo – e o nosso País em particular – conviver nos últimos anos com a escalada da estética da violência. E o que chamo de estética da violência? E onde ela está presente?

Ela está presente nas inúmeras notícias que exploram e banalizam a violência e a violação de direitos. Ela está presente em projetos de lei como o PL 3723/2019, que dispõe sobre o armamento no Brasil, fomentando cada vez mais uma estética bélica em nosso cotidiano. A estética da violência está presente nas reintegrações de posse que despejam corpos indesejáveis para as bordas da sociedade. Nas formas de criminalização de determinados grupos sociais. Em projetos de lei que ameaçam os diversos biomas do País, e podemos destacar aqui, por exemplo, projetos que incentivam a grilagem, o fim do licenciamento ambiental em terras indígenas, o Pacote do Veneno (lei federal que regula o uso de agrotóxicos no País), em nome de uma ideia de desenvolvimento nacional.

A estética da violência está presente no nosso dia a dia na forma de genocídio da população negra, que conforme dados consolidados em 2021 pelo Fórum Brasileiro de Segurança Pública, entre as pessoas assassinadas em 2020, 76,2% eram negras. Esse mesmo Fórum identificou que 61,8% das vítimas de feminicídio em 2020 eram negras. Já o dossiê elaborado pela Rede Trans Brasil revelou que, no período entre 1º de outubro de 2020 e 30 de setembro de 2021, o Brasil liderou o truculento ranking de países que mais assassinam pessoas trans e de gêneros diversos no mundo. Foram 152 mortes registradas, ficando o México em segundo lugar, com 57 mortes.

E o que quero dizer com isso? Pelo menos duas coisas.

Primeiro. Onde estão as crianças nessa trama toda? Será que estão alheias a essa realidade? Elas estão suspensas em um universo paralelo, em que não sentem, não percebem e nem se afetam com o mundo ao redor? Não! Elas estão o tempo todo lendo o mundo, desde que nascem! E isso porque são sujeitos da cultura e produtoras de cultura e conhecimento. Então, nos resta pensar: que estéticas estamos produzindo e retroalimentando no nosso convívio diário com as crianças? É uma estética que as relega à austeridade e estreiteza do cotidiano e do mundo, ou são estéticas que lhes permitem olhar para si e além de si, em um exercício de alteridade, podendo expandir seu universo simbólico a partir da interação com a literatura e outras formas de simbolização e significação da vida?

Segundo. Anteriormente mencionei alguns indicadores sociais. Eles têm sua importância, pois deflagram o estado de coisas em que nos encontramos em termos de desigualdades e injustiças sociais. Mas, há sempre o risco de um "efeito adverso" na forma de conceber os indicadores: naturalizar tais violações de direitos como fatos em si, como episódios corriqueiros que formam agregados de índices percentuais.

Então, muitas vezes, os indicadores não alcançam em profundidade o que há nos recônditos das vidas, relações e histórias que representam esses dados numéricos.

Talvez a literatura, em alguma medida, restitua essa face "oculta" dos dados: as histórias contidas na fisionomia anônima e amorfa dos números.

Isso não confere à literatura um sentido salvacionista, em que ao se ter contato com ela, problemas históricos e sociais serão resolvidos. Também não implica usá-la como recurso para a conversão de corações e mentes apáticos à existência de outras subjetividades. Mas, a literatura, numa acepção plural e abrangente, pode fornecer impulsos necessários para sair da estreiteza e do insulamento a que somos lançados nos labirintos e reveses do cotidiano.

Partilhar histórias, esse gesto tão ancestral – ora mediado pelo oral, ora pelo escrito –, nos permite, como sugere a educadora, pesquisadora e ativista Bel Santos Mayer (2019), estilhaçar e recompor espelhos com imagens mais justas sobre nós, pessoas negras e indígenas, cujas fisionomias foram rasuradas pelas escrituras coloniais.

A literatura é também uma forma de abrir janelas em que possamos avistar paisagens que vão além da nossa visão circunstancial e imediata. Nesse sentido, as obras literárias – e outras formas de arte – fornecem subsídios simbólicos para a imaginação. Permitem fantasiar mundos possíveis. Nutrem nossos sonhos com imagens, histórias e memórias que encontram abrigo dentro da gente, mas que não representam necessariamente o que vivemos cotidianamente. Engaja os sentidos do pensamento (um pensar com o corpo todo), que nos desloca para lugares, tempos e relações que são e não são nossos, e que passam a fazer parte do nosso acervo pessoal existencial. Nos permite dar vazão aos conflitos, contradições, traumas e afetos e, até mesmo, sublimar o excesso de realidade.

O convívio com a literatura – seja sozinho, em grupo, em casa, na escola, no centro cultural, seja a partir de movimentos de diálogo em torno do lido ou do silêncio que arrebata – é um gesto que traz em si certa desobediência, já que a atitude de ler faz irromper um tempo mais dilatado e espiralado dentro do tempo útil, produtivo e mercantil do capitalismo, que constantemente destitui o *ser* de seu próprio corpo para atender a necessidades vitais e artificiais.

Essa fricção entre o tempo útil capitalista e a suspensão do tempo provocado pela literatura me remete à forma poética como a escritora Carolina Maria de Jesus narra o tempo em um trecho do livro *Quarto de despejo: diário de uma favelada* (1960):

O céu é belo, digno de contemplar porque as nuvens vagueiam e formam paisagens deslumbrantes. As brisas suaves perpassam conduzindo os perfumes das flores. E o astro rei sempre pontual para despontar e recluir-se. As aves percorrem o espaço demonstrando contentamento. À noite surge as estrelas cintilantes para adornar o céu azul. Há várias coisas belas no mundo que não é possível descrever. Só uma coisa nos entristece: os preços, quando vamos fazer compras. Ofusca todas as belezas que existe. (JESUS, 1960, p. 44)

II – LITERATURA INFANTIL BRASILEIRA: QUE HISTÓRIA É ESSA?

Tratando especificamente da chamada literatura infantil brasileira, ela ocupa um lugar de confluência que envolve diferentes instâncias de representações sociais: literatura, infância e criança, palavras que embora apareçam escritas aqui no singular, possuem sentido plural e polissêmico.

Por permear lugares distintos de enunciação, esta literatura pode ser pensada sob a ótica das artes, da cultura e, especialmente, da educação, podendo ser intrínseca e transversal a todas elas.

Se olharmos para a história da literatura infantil no País, podemos observar que, além de marcar posições assimétricas de poder na relação adulto-escritor e criança-leitora, ela também evidencia camadas profundas de subjetividade sobre concepção de criança e infância.

E nesse tipo de apreensão da história da literatura infantil predomina uma ideia de subjetividade da criança branca como alteridade da criança universal, com a ressalva de que se trata de uma representação de como o escritor-adulto, homem branco em sua maioria, projeta a criança no plano temático, narrativo e ideológico dos livros que são direcionados à infância.

Ou seja, além de expressar formas de hierarquização na relação adulto-criança, essa literatura também exprime, explícita ou implicitamente, valores sociais sobre *ser criança* e *quem é criança*. Manifestar, a partir do literário, normatividades em que sobressai a imagem da criança branca como personagem vivendo aventuras, experimentando a liberdade e desafiando a autoridade dos adultos – no plano ficcional –, é uma imagem candente na história da literatura infantil brasileira.

A criança ficcional dessa literatura é investida – ao menos momentaneamente – de algum poder, já que vive experiências e fantasias que escapam ao alcance e controle do mundo adulto (Nikolajeva, 2023). Um mundo das crianças, podemos pensar, com suas regras, interações e possibilidades. Em muitos casos, essa personagem criança é marcada por comportamentos "típicos" de gênero, de menino ou menina, uma forma de inscrição dos valores sociais normativos ocidentais adultos mais uma vez operando a conduta e a ação, em âmbito narrativo, da criança personagem.

Essa noção de criança se articula com a história social da infância oficializada no Brasil, cuja base epistemológica dominante é euroestadunidense. Muitas/os de nós, educadoras/es brasileiras/os, fomos educadas/os a pensar a história da infância tendo como marco temporal o século XIX e como marco conceitual o conhecimento produzido e sistematizado por pensadores de alguns poucos países dessas regiões do planeta.

E não é que esse tipo de epistemologia tenha feito parte do acervo de conhecimentos produzidos pela humanidade sobre a infância. Ao contrário, a ele foi outorgado o poder e a autoridade de definir para o resto do mundo o que é infância, se tornando um parâmetro para pensar as crianças brasileiras.

O predomínio oferecido a esse paradigma buscou eclipsar e inferiorizar importantíssimos conhecimentos, saberes, repertórios e experiências ladinoamefricanos[5].

---

5 Essa expressão foi concebida pela intelectual e ativista Lélia Gonzalez. De acordo com ela, o Brasil "é uma América Africana cuja latinidade, por inexistente, teve trocado o t pelo d para, aí sim, ter o seu nome assumido com todas as letras: Améfrica Ladina (não é por acaso que a neurose cultural brasileira tem no racismo o seu sintoma por excelência)." (GONZALEZ, 1988, p. 69).

Foi se criando uma ideia como se somente esses lugares do planeta tivessem produzido conhecimento, linguagem e histórias dignas de serem contadas, e que os seus sistemas de valores eram universalmente suficientes para abarcar toda a humanidade.

Mas isso não foi algo acidental no nosso transcurso histórico. Como mencionei, está contido nesse pensamento a imagem do *ser branco* como parâmetro de humanidade e civilidade. Fazer uso de um arsenal epistemológico, cultural e simbólico identificado com essa premissa foi uma forma de colonizar os espíritos dos considerados *Outros*[6].

Assim, as crianças negras e indígenas – como nós, adultos negros e indígenas – foram assimiladas a partir desse referencial universalizante ocidental em uma relação de *Outridade*. Nós somos os outros nessa história.

Não à toa, as representações construídas em torno das crianças negras no arquivo literário infantil brasileiro coadunam com imagens que ratificam os estereótipos propagados pelo imaginário social do País. O olhar

---

6 A escritora norte-americana Toni Morrison, em *A origem dos outros: seis ensaios sobre racismo e literatura*, discorre sobre a raça como mecanismo de diferenciação sistemática – assim como classe e gênero – que demarca a noção de quem é o *Outro*. Para Morrison, esta é uma necessidade ligada ao controle e ao poder, em que o *Outro* é inferiorizado e associado à ideia de perigo (2019, p. 23-24).

exógeno do cânone dessa literatura ora ignorou e/ou desprezou a pluralidade étnico-racial existente no Brasil e as diversas cosmovisões que orientam a experiência de negros e indígenas, ora subalternizou e depreciou – em alguns casos, com "requinte" literário – no plano ficcional narrativo suas existências; ou ainda, numa suposta tentativa de celebrar a diversidade, tornou esses grupos objeto de fetiche.

Com a crescente demanda por democratização do espaço escolar pela população negra, em uma trama que envolve conquistas, contradições e reveses, se ampliou também a demanda pela presença de referenciais literários, estéticos, poéticos e político-pedagógicos capazes de expressar a multiplicidade de subjetividades e cosmovisões negras nas escolas.

Isso aparece como direito nas Leis nº 10.639/2003 e nº 11.645/2008, que alteram a Lei de Diretrizes e Bases da Educação Nacional (LDBEN – Lei nº 9.394/1996) para incluir no currículo oficial da rede de ensino a obrigatoriedade da temática "História e Cultura Afro-Brasileira e Indígena", no âmbito de todo o currículo escolar, prioritariamente, nos campos das artes, literatura e história brasileira.

Mais que acessar e permanecer na escola, os movimentos impulsionados pelos diversos atores que atuam em defesa das crianças negras e indígenas – pesquisadoras/es, intelectuais e ativistas negras/os e indígenas organizados, pessoas e redes comunitárias que restauram as fibras do cuidado com as crianças cotidianamente, e demais atores e organizações sociais – passam pelo entendimento de que, ao estarem no espaço público escolar, as crianças negras e indígenas precisam ter sua integridade e dignidade respeitadas, e os conhecimentos, saberes e repertórios que permeiam suas práticas e experiências pessoais e coletivas, valorizados e legitimados pela escola.

Isso porque o pluriverso[7] simbólico de histórias a que as crianças têm acesso ao longo da vida repercute na imagem que elas irão construir sobre si e sobre os outros, assim como influencia o valor que elas sentirão ter socialmente.

O contato sistemático com livros literários que, por exemplo, reforcem de um lado brancos em posições que

---

7 O filósofo sul-africano Mogobe Ramose explica que a palavra "universal," que tem origem no latim, traz em si uma ideia contrastante: *unius* corresponde a "um e o mesmo" e *versus* remete a "alternativas". O autor propõe a expressão "pluriversalidade" como forma de dar a ver os *outros lados*. Para Ramose, o universal tem a ver com um tempo histórico em que os cosmos eram entendidos pela ciência como um todo orbitando o centro, paradigma que, até o momento, foi superado pela ciência na contemporaneidade. Cf. Miranda (2019, *apud* Ramose, 2011).

remetam a ideia do bom, do bem e do belo, e negros como o oposto disso, pode incutir ideias de inferioridade da criança negra e de superioridade da criança branca, algo que repercute integralmente e a longo prazo nas trajetórias de vida das crianças.

Então, quando falamos de possibilitar que as crianças usufruam do legado cultural e simbólico da literatura, é preciso considerar o acesso às diversas vozes e histórias. A democratização da literatura está ligada à ideia de acesso às diversas fontes narrativas de produção de conhecimento, linguagem e imaginação. Atualmente, não é possível falar de "qualidade" do acervo literário de uma escola, ou outro espaço leitor, se não tiver no cerne esse fundamento democrático.

Como sugere a introdução desta seção, a literatura infantil não é um assunto que compete somente às artes, às/aos artistas e o seu direito à liberdade de expressão, e de demais agentes do sistema literário. Ela envolve atores da comunidade escolar (educadoras/es, crianças e adolescentes, famílias, agentes que atuam com arte e literatura nos territórios etc.) e, embora não exista com a finalidade de atender a preceitos morais e didáticos da escola, conta com uma dimensão didática e pedagógica importante por compor o campo de conhecimentos e práticas curriculares desse espaço.

III - E EU NÃO SOU UMA CRIANÇA?

Esse subtítulo faz alusão ao discurso "E eu não sou uma mulher?", proferido por Sojourner Truth, em 1851[8]. Em 2019, a escritora e ativista negra bell hooks escreveu o livro homônimo ao título do discurso de Sojourner enfatizando sua relevância para a história das mulheres negras pobres e as opressões de gênero, raça e classe vividas por elas.

Tomar essa ideia emprestada – a partir da indagação "E eu não sou uma criança?" – para pensar as crianças negras no Brasil ao longo da trajetória histórica e social do País é algo que tem acompanhado minhas reflexões. Mas, preciso admitir que há limitações nesse tipo de paralelo, seja pela minha condição adulta, seja pelo sujeito enunciador que aparece no subtítulo (mulheres, implicitamente, negras).

Marcadas as assimetrias, da adulta aqui que fala sobre as crianças, em particular, negras – e que convive com algumas delas, e que traz consigo memórias da própria

8 Sojourner Truth (1797-1883) foi uma mulher negra afro-americana escravizada que, depois de liberta, em 1827, denunciou, em 1851, na "Ohio Women's Rights Convention" ("Convenção dos Direitos das Mulheres de Ohio") que o ativismo de sufragistas e abolicionistas brancas e ricas excluía mulheres negras e pobres. Seu discurso ficou conhecido como "Ain't I a Woman?" (E eu não sou uma mulher?).

infância e ainda conta com, talvez, alguma "licença" para esse tipo de correlação por fazer parte de um grupo social historicamente subalternizado (mulheres negras) –, penso que a provocação que Sojourner faz, e anos mais tarde bell hooks reitera e atualiza, cabe bem ao que será brevemente discutido aqui: crianças negras brasileiras como grupo social heterogêneo que partilha de certas experiências sociais comuns e formas de subjetivação da vida e cultura, entre as quais, a experiência aterradora do racismo.

Mesmo que a ênfase aqui seja "crianças negras", inevitável não pensar outras lentes de análise, como as crianças indígenas, ou reflexões a partir de entre-cruzamentos, como as meninas negras, as crianças negras nos diferentes contextos (ribeirinhas, quilombolas, nas periferias, em situação de migração ou refúgio no Brasil etc.).

As experiências sociais, culturais, econômicas, espirituais, afetivas e simbólicas das crianças são múltiplas e multidimensionais, e variam muito a depender do lugar, do contexto e das condições em que elas são gestadas, em que nascem e onde crescem, das relações e repertórios de saberes, vivências e práticas em que são socializadas e dos direitos a que elas têm ou não acesso.

No Brasil, já existem estudos sobre a história social das infâncias brasileiras[9] que mostram como marcadores sociais de cor/raça, etnia, região geográfica, gênero, deficiência, entre outros, afetam as trajetórias infantis, a experiência de ser criança, e a sensação de viver mais ou menos infância, inclusive, o encurtamento ou a longevidade desse momento da vida, ou ainda, sua interrupção.

Só para ter uma ideia de como a cor/raça informa maior proteção ou maior exposição à violência na infância, o Anuário Brasileiro de Segurança Pública revelou que, em 2021, das crianças do sexo masculino de 0 a 9 anos vítimas da violência letal, 63% delas eram negras. Esse índice aumenta para 80% quando se trata de adolescentes do sexo masculino entre 15 e 19 anos. Indicadores como esses demonstram que não é possível falar de uma infância única no Brasil.

---

9 Para maior aprofundamento, recomendo a leitura do estudo "Racismo, educação infantil e desenvolvimento na primeira infância" (2021), desenvolvido pelo Comitê Científico "Núcleo Ciência pela Infância" (NCPI). Organizado pela Fundação Maria Cecilia Souto Vidigal, o documento reúne em torno do assunto pesquisadoras/es de diversos campos do conhecimento. Também indico o livro *Infâncias negras: vivências e lutas por uma vida justa* (2023), organizado por Nilma Lino Gomes e Marlene de Araújo.

Os dados e o cotidiano estão aí para quem está sensível a ver, ler e indagar a realidade. Vários indicadores têm nos alertado sobre como determinadas crianças estão mais suscetíveis à violência e a diferentes formas de violação de direitos humanos, mesmo que em vários casos suas famílias, comunidades, redes e organizações de defesa atuem para protegê-las.

Ainda hoje é preciso superar o imaginário social que sequer consegue olhar para uma criança negra e reconhecer nela uma criança, e não um perigo iminente, um menor, um inimigo público, uma ameaça social.

Esse tipo de pensamento encontra lastro no nosso passado colonial e escravista, e embora do ponto de vista legal tenhamos avançado – particularmente a partir do Estatuto da Criança e do Adolescente (ECA), 1990 –, ele está enraizado no substrato da memória social e em um tipo de visão de mundo racista, que segue ocupando lugares de poder e decisão.

A história social da infância conta ainda com uma história da legislação sobre a infância, com a presença de arcabouço normativo que expressa concepções de criança.

O Código de Menores de 1927, conhecido como Código Mello Mattos, foi o primeiro sistema de proteção à infância e à adolescência no Brasil. Ele é considerado um marco na legislação brasileira porque, pela primeira vez, determinou que crianças e adolescentes passassem por mecanismos específicos de sanção ao cometerem infrações, não mais sendo submetidas ao mesmo processo penal de adultos[10]. A conquista da imputabilidade penal aos jovens de até 18 anos prevista no ECA encontra reminiscência nessa legislação.

O Código é tido também como pioneiro devido à presença de métodos e abordagens mais "sociais" e "humanitários" no interior dos seus artigos, em que profissionais habilitados passam a averiguar as motivações e as aplicações das internações de jovens. Derivam desta doutrina medidas como as escolas de reforma, que apontavam para a necessidade de tratamento específico para o jovem em condição de infração.

Esse instrumento estabeleceu ainda formas de repressão do trabalho infantil, dos castigos físicos exagerados e a criação de tribunais dedicados aos menores de 18 anos (Jusbrasil, 2024).

Também buscou regularizar a situação de crianças em orfanatos e abrigos, exigindo a obrigatoriedade de seu registro civil como requisito para o ingresso nas instituições, como forma de combater o "abandono" dos

---

10 Vale lembrar que o Código Penal de 1890, instituído após a queda do Império, conduzia crianças, a partir dos nove anos, aos tribunais da mesma forma que adultos.

recém-nascidos pelos pais, prática que ficou conhecida como a Roda dos Expostos[11].

11 Conhecida também como Roda dos Enjeitados, ou simplesmente como a "Roda", a Roda dos Expostos surge no Brasil no século XVIII como herança portuguesa, tendo existido também na França. Foi uma política em que os recém-nascidos, "abandonados" pelos pais, podiam ser entregues aos cuidados do Estado, ainda que isso depois implicasse na exploração da criança como força produtiva.

No Brasil, as Rodas chegaram a integrar a ação das Santas Casas de Misericórdia. Por meio de um compartimento, os bebês podiam ser entregues anonimamente pelos pais para que fossem tutelados pelo Estado, em convênio com instituições de caridade.

Na literatura sobre o assunto, é comum encontrar textos que atrelam acriticamente o "abandono" dos recém-nascidos pelos pais, destacadamente pelas mães, à sua pouca ou nenhuma condição em criá-los. Embora este ensaio não tenha como intenção aprofundar essa questão, propõe ao leitor que se lance a um gesto imaginativo e investigativo, se transportando a esse momento histórico e aos sistemas de valores vigentes à época. Ao "aterrissar" nesse tempo e espaço, irá perceber as intricadas relações entre esse tipo de prática e um sistema social e econômico baseado na escravização, na exploração sexual dos corpos das mulheres negras e na exploração e subalternização das crianças negras. Atentar-se a esse complexo tecido histórico, que configura a existência desse instituto no Brasil, é primordial, para que não se naturalize a ideia de que mães abandonavam seus recém-nascidos devido à sua incapacidade pessoal e material de ficar com eles.

No começo do século XX, foi extinto esse instituto primário no contexto brasileiro, tendo ele desaparecido de fato somente na década de 1950. Contudo, isso incidiu em um incremento de crianças e adolescentes em situação de rua, considerados perigosos à ordem pública.

Se, por um lado, o Código foi tido como um avanço quando cotejado ao estado deplorável de coisas em que viviam as crianças e adolescentes na doutrina brasileira, por outro, é perceptível que estava direcionado aos chamados menores em situação de irregularidade, portanto, às crianças em condição de "abandono" ou "mendigagem", "vadiagem" ou "libertinagem" (Decreto nº 17.943-A, de 12 de outubro de 1927).

Assim, sobressai nesta legislação seu caráter higienista.

Visando espelhar os valores e modos de vida europeus, que buscavam introduzir o Brasil na esteira da modernidade e desenvolvimento – apostando no capitalismo industrial e na urbanização desordenada como condão para o progresso –, operaram no País estratégias de limpeza social direcionadas a grupos específicos considerados indesejados, que foram sistematicamente criminalizados, perseguidos e marginalizados.

Nessa direção, é possível uma leitura crítica em torno do Código de 1927 como instrumento de gestão da precariedade e violência que assolavam, em especial, os centros urbanos que emergiam no País e que atingiam crianças e adolescentes. O vetor de produção desse tipo de degradação remetia ao próprio empreendimento colonial capitalista, que retroalimentava um duplo movimento: por um lado, esse tipo de sistema produzia as desigualdades e a violência, e por outro, fazia sua gestão buscando mantê-lo sob controle, competindo ao Estado a criação de dispositivos para a manutenção da ordem.

Vale mencionar que o Código de 1927 foi instituído décadas depois da Abolição da Escravatura no Brasil (1888), cujas políticas de controle e punição projetadas pelas oligarquias brancas privilegiadas tiveram papel determinante para a manutenção das condições de exploração, subalternização e opressão social vividas pela população negra, algo de que as crianças negras não ficaram a salvo.

A Constituição Federal de 1967 não estabeleceu inovações constitucionais para as infâncias. No entanto, tal momento histórico, marcado pelo recrudescimento do autoritarismo e violência pela instauração do Golpe Militar de 1964, marca a implementação de dois institutos destinados às crianças e adolescentes no Brasil: a Fundação Nacional do Bem-Estar do Menor (Funabem) e o Código de Menores de 1979.

Com o propósito de manter a chamada política nacional de assistência e assegurar o cumprimento dos Tratados Internacionais voltados à infância, dos quais o Brasil era signatário, como a Declaração dos Direitos da Criança de 1959, a Funabem foi instituída como órgão pela Lei nº 4.513, de 1º de dezembro de 1964, gozando de plenos poderes de internação dos menores, infratores ou não. Essa Fundação é o embrião da Fundação Estadual para o Bem-Estar do Menor (Febem), que marcou presença em alguns estados brasileiros.

O Código de Menores de 1979, instituído pela Lei nº 6.697, de 10 de outubro de 1979, atualiza a legislação anterior – o Código de 1927. Este ordenamento jurídico não rompeu com conceitos já cristalizados na lei no que se referia às crianças e adolescentes (Jusbrasil, 2024).

Tal instrumento manteve a presença da doutrina do menor em situação irregular, prevalecendo a ideia de que determinados grupos de crianças e adolescentes representavam perigo em potencial à ordem e ao bem-estar social.

A partir desse paradigma, o Código de 1979 reforçou a necessidade dos dispositivos legais ligados ao controle das crianças, principalmente os internatos-prisão, em que o Estado tinha a legitimidade para: definir quais casos se enquadravam como situação irregular; recolher crianças e jovens; condená-los e conduzi-los ao internato até que atingissem a maioridade (Jusbrasil, 2024).

Fica evidente como o enfoque das instituições policiais no controle da infância e juventude ganha destaque sobretudo com o Código de 1979, a partir do forte delineamento da autoridade policial como ator do Estado na interface com os "menores", legitimando práticas de coerção e controle dos seus corpos, e demasiadamente dos corpos das crianças e adolescentes negros, pobres, com baixa ou nenhuma escolaridade.

Esse tipo de representação centrada no controle e punitivismo dos menores em situação irregular revela que a criança, nas referidas doutrinas, era tida como objeto do direito e não como sujeito de direito – a prioridade era mantê-la sob controle, e não o seu bem-estar social.

Os Códigos de 1927 e de 1979 tutelaram, como bem jurídico, os "menores" como categoria que não abrangia a todas as crianças, oferecendo um estatuto diferenciado entre: o "menor" – crianças em situação de rua, abandonadas, vítimas de maus-tratos, em situação infracional, indesejadas socialmente, os chamados delinquentes etc. – e a "criança", um tipo de segmento que estava fora desse espectro político-jurídico, destacadamente, as crianças brancas dos grupos socialmente privilegiados.

Fruto de mentalidades autoritárias adultas brancas patriarcais e coloniais, esses instrumentos jurídico-políticos direcionados aos "menores" foram dispositivos de seletividade e eficiência para conter e "tirar de circulação" aqueles que poderiam causar perturbações à ordem social e aos cidadãos de bem – e aqui, é preciso entender a inerência que há na construção da ideia do cidadão de bem com a imagem do sujeito branco das classes privilegiadas.

Como é possível notar, a expressão "menor em situação irregular" abrangia desde "menores" acossados pela pobreza e pelo abandono e maus-tratos até aqueles em situação de infração legal, que poderiam ser segregados do convívio social, embora suas experiências prévias demonstrassem que eles já vinham sendo excluídos socialmente.

Nesse diapasão, não havia a menor distinção entre as atitudes do "menor" e a conduta praticada pela família, Estado ou sociedade. E a pobreza, interpretada como algo natural e endógeno ao sujeito, era assimilada a partir da ideia de delinquência e patologia da criança e/ou da família.

Resultado da mobilização e organização social, o ECA regulamentou a Constituição Federal de 1988, que revogou a legislação anterior, e estabeleceu o princípio da criança como sujeito de direitos, arrolando um conjunto de direitos fundamentais inalienáveis, intransferíveis e inegociáveis para sua proteção integral.

Portanto, o ECA marca uma mudança conceitual, legal e procedimental significativa ao salientar que esses direitos se estendem a *todas* as crianças e adolescentes:

"(...) sem discriminação de nascimento, situação familiar, idade, sexo, raça, etnia ou cor, religião ou crença, deficiência, condição pessoal de desenvolvimento e aprendizagem, condição econômica, ambiente social, região e local de moradia ou outra condição que diferencie as pessoas, as famílias ou a comunidade em que vivem." (Incluído pela Lei nº 13.257, de 2016) – (ECA, 2023, p. 14).

Trazer esse brevíssimo histórico mostra que "criança" e "menor" não são meras palavras que compõem o léxico da língua portuguesa ou a gramática jurídica endereçada às crianças. Elas expressam concepções de infância.

E mesmo reconhecendo a relevância e legitimidade do ECA, quando contrastamos esse instrumento – de afirmação da vida, da integridade, dignidade, pluralidade e respeito às crianças - com os indicadores sociais e as histórias de violação de direitos a que temos acesso cotidianamente, requenta a reflexão sobre ser criança no Brasil: o que é ser criança neste País? Quem é criança no Brasil? E quem pode viver infância no Brasil? Que representações sobre infância precisamos superar? E que imaginários sobre infância é preciso reconhecer e afirmar?

IV - LITERATURA NEGRA PARA CRIANÇAS NO BRASIL

Quantas palavras existem e remetem à ideia de criança? "Criança", expressão polissêmica que traz na raiz do termo o sentido de criação, de cria, do latim "creare".

"Erê", palavra iorubana que significa brincar e reflete a energia vital infantil que se liga à natureza dos orixás. "Omo" – que se distingue, mas se relaciona com "erê" – quer dizer "criança".

"Ibeji", orixá-criança, ou as divindades gêmeas presentes nas cosmovisões de matriz africana, e que no Brasil foram associadas pelo catolicismo popular a Cosme e Damião.

"Bacuri" (ou "bacurim") também é uma palavra que lembra "criança", e remete ao fruto do bacuzeiro, grande árvore amazônica.

Para o povo Xavante, "criança" pode ser traduzida a pãrtir da palavra "da'ra". Para os Kaingang, "criança" é "gir"; e filho, "kósin". Na língua Guajajara, "criança" é "kwarer". No tupi-guarani antigo, "criança" correspondia à expressão "pitanga"; e "filho", "membyra". Para o povo Paresi-haliti, "criança" é "xoima", "exoimala" e "ohiro-mokose" (se for menina). Para os Apalaí, "poeto". (*Pequeno Dicionário Xavante*, 2004).

Em alguns lugares do País, "cria" é a forma como adultos – principalmente os mais velhos – se referem às crianças que estão sob seus cuidados: "minha cria". Entre os jovens das favelas cariocas, "cria" faz lembrar o parceiro de infância, aquela pessoa com quem se cresceu junto. Nas periferias de São Paulo, "cria" é o lugar em que se nasceu: ser "cria" da favela.

"Moleque", palavra quimbundo para "menino", mas que conserva em seu espectro de significação o sentido racista de "delinquente", tal como "pivete".

"Neném", uma forma afetuosa que muitas vezes ouvi as mais velhas atribuírem às crianças pequenas. Depois fui entendendo que o termo carrega a inscrição de um tempo em que o altíssimo índice de mortalidade infantil era uma realidade. Não nomear a criança ao nascer era uma tentativa de não se vincular tanto a ela.

Enquanto termo de atribuição do adulto para a criança, a expressão "criança" suscita muitas representações, cujos significados são alterados ao longo do tempo e do espaço, embora conserve reminiscências do passado no presente.

Embora as palavras trazidas aqui remetam à ideia de "criança", elas não são meras variantes para esse termo, portanto, não são formas diferentes de designar a mesma coisa. Isto é, não aparecem aqui como sinônimos para "criança".

Mesmo podendo estabelecer algumas aproximações, essas palavras transportam significados próprios, uma espécie de palavra-mundo que demonstra que o campo semântico da palavra "criança" é abrangente, já que essa expressão necessita estar embebida das demais expressões. Estas representam cosmovisões dos diferentes grupos e povos que, guiados por seus valores culturais, sociais, ambientais, históricos, espirituais, afetivos, trazem significações que podem ser intraduzíveis e indecifráveis ao entendimento ocidental normativo da palavra "criança".

Tudo isso informa e produz concepções de infância, sugere os lugares ocupados pelas crianças nas culturas das quais fazem parte e representa múltiplas formas de ser e estar no mundo.

No dicionário, "criança" significa "ser humano de pouca idade", enquanto "infância" é um termo que remete ao "período de crescimento do ser humano, que vai do nascimento até a puberdade" (Ferreira, 2004). Para algumas cosmovisões indígenas, não existe puberdade, o sujeito passa do estado de ser criança para o de adulto. Etimologicamente, a palavra "infância" vem do latim, em que "in-fans" quer dizer "sem linguagem". Na tradição ocidental, não ter linguagem equivale a não ter pensamento, racionalidade e conhecimento, isto é, ser entendido como um ser menor, a ser educado, adestrado e moralizado (Castro, 2010).

Começar esta seção trazendo a lume a multiplicidade de termos e significados que envolvem a ideia de criança e infância confronta a ideia da "criança universal", paradigma alicerçado em referenciais epistemológicos e simbólicos euroestadunidenses.

Cada vez mais temos visto o florescimento das literaturas negras e indígenas para crianças e do campo da teoria crítica sobre infância em uma perspectiva mais plural, a partir das confluências entre os estudos críticos literários e os estudos sobre infâncias.

Essa ampliação se ancora na ideia de que é preciso ir além da literatura como propriedade de alguns poucos, que se arrogam o direito e poder de falar, contar, narrar, efabular para o *resto* e em nome do *resto*.

Nesse sentido, é possível perceber enlaces entre arte e realidade ao tensionar as maneiras como o empreendimento colonial branco ocidental estabeleceu (e estabelece) formas monoculturais de relação que abrangem desde o campo literário até outras dimensões da vida.

Mesmo havendo barreiras para a produção de uma literatura infantil brasileira, no geral, e de uma literatura negra para crianças, em particular, essa literatura existe e registra suas primeiras obras ainda nos anos 1970[12]. De lá

12 Júlio Emílio Braz e Joel Rufino dos Santos são autores pioneiros nessa literatura, seguidos por Heloisa Pires de Lima, Sonia Rosa e Maurício Pestana, que fazem parte de uma segunda "geração" de escritoras/es.

para cá, a literatura negra para crianças vem se ampliando nos ambientes considerados "centrais" e "periféricos" do mercado editorial, além de expandir em direção às demais regiões territoriais do País, fora do eixo sudestino. Essa trajetória de expansão e mudanças traz como perspectiva um devir negro de literatura para crianças.

Isso não significa que essa literatura possa ser definida a partir de determinados enquadramentos temáticos, pontos de vista, fórmulas de enunciação e apreensões de mundo. Como literatura, ela não pode ser delimitada por fronteiras e condicionantes que nos aprisionam em imagens que – mesmo emulando uma ideia de liberdade, poder e enaltecimento negro – reificam imagens simplificadoras sobre ser negro e as experiências negras.

Um estudo meticuloso sobre "literatura negra para crianças", "literatura com presenças negras para crianças", "literatura afro-infantil", "literatura africana e afro-brasileira para crianças", "literatura antirracista para crianças", "literatura afrocentrada para crianças", "literatura afrofuturista para crianças", entre outras nomeações correlatas[13], pode trazer em profundidade o estado da arte sobre essa produção.

13 Seria possível conceber nesse prisma ainda uma literatura afro-indígena brasileira para crianças?

Isso, possivelmente, permitirá perceber que essas formas de nomeação encontram pontos convergentes entre si, e ao mesmo tempo marcam formas e posicionamentos distintos de interpretar essa literatura, do ponto de vista epistemológico, político e literário.

Assim, a literatura negra para crianças é um espectro em formação, em que a autoria negra é o fio de ligação, e as formas de contar, de enunciar, de poetizar – comuns e singulares – fazem o elo entre autoras/es, obras, perspectivas etc.

Desse modo, essa literatura oferece um olhar *endógeno* para as múltiplas experiências negras.

E quais lugares as crianças negras vêm ocupando nessa literatura? Que subsídios narrativos, poéticos, lúdicos e estéticos que instigam a imaginação ela tem oferecido? Tem sido artefato que, embora permita às crianças lidarem com o trauma ontológico do racismo, possibilita pensar além dele? Permite às crianças acessarem cosmovisões que constituem as diversas subjetividades, expressões e experiências negras? Que agenciamentos as personagens crianças têm assumido nesses diversos livros?

As diferentes obras mobilizam o conhecimento sobre personalidades, fatos, acontecimentos e formas de organização negra, histórias que durante muito tempo foram trancafiadas nos "calabouços" do discurso colonial?

Como a autoria aparece inscrita na narrativa das obras? Essa inscrição suscita projeções dos traumas e fissuras vividas por nós, adultos negros, experiências que se "reatualizam" nas vidas das crianças negras devido ao racismo? Seria uma literatura que trata das nossas feridas históricas: aquele desejo de ler o livro que faltou – para crescer em um ambiente permeado pelo cuidado, afeto e fortalecimento das nossas imagens –, e que agora, como adultos, podemos ler? A literatura negra para crianças seria um tipo de literatura negra para as infâncias, das crianças negras de agora e das crianças negras que fomos?

São muitas as perguntas, e a ideia nem é chegar a conclusões sobre o assunto. A meu ver, isso sugere uma vertiginosa possibilidade de estudos que suscitem a literatura negra para crianças como ela é. Além disso, enquanto projeto de literatura no País, questões como essas podem irrigar possíveis caminhos para pensar a literatura infantil e a educação literária na infância, tendo como perspectiva e fundamento a produção literária negra para crianças.[14]

---

14 Kiusam de Oliveira, Heloísa Pires Lima, Sonia Rosa, Edimilson de Almeida Pereira, Luiz Silva (Cuti), Cidinha da Silva, Mãe Stella, Leda Maria Martins, Bel Santos Mayer e Allan da Rosa são alguns dos nomes importantes para pensar o campo da literatura e da literatura negra, em geral, e da literatura negra para crianças, em particular.

A partir de minha atuação com a formação de educadoras/es em diferentes municípios e estados brasileiros; do exercício de análise sistemática de livros de literatura negra para crianças; dos estudos das teorias críticas em literatura; do compartilhamento de ideias com pesquisadoras/es e parceiras/os que atuam nesse campo; dos encontros e derivas do cotidiano; do repertório de intuições lastreado pela memória e imaginação, pude delinear algumas ideias para a oferta desse tipo de acervo em espaços de educação e cultura, como a escola.

O quadro a seguir apresenta alguns desses elementos.

IDEIAS PARA APOIAR A ESCOLHA DE LIVROS DE LITERATURA NEGRA PARA CRIANÇAS

É importante considerar:

- o potencial estético, visual, textual e projeto gráfico das obras;
- a autoria e as perspectivas autorais;
- se os livros levam em conta que as crianças são sujeitos cognoscitivos, que pensam a partir de todo o corpo, que têm sensibilidade;
- se a obra faz uso de artifícios e recursos didáticos para imprimir uma moral única, fechada e esvaziada de con-

teúdo literário – reducionismos precisam ser olhados com atenção;

- as dimensões estética, literária e simbólica inscritas nas obras;
- se as obras fazem convite ao pensamento crítico do leitor e a fruir por diferentes atmosferas narrativas e sensações (encantamento, surpresa, espanto, alegria, tristeza, arrebatamento...) a partir de artifícios linguísticos e imagéticos empregados pelas/os escritoras/es, artistas visuais e editores gráficos;
- se o acervo propicia a aproximação com diversas subjetividades, conhecimentos, linguagens, espiritualidades, experiências e culturas negras brasileiras, africanas, afrodiaspóricas e ladinoamefricanas, levando em conta suas múltiplas formas de ser, viver, conviver e de expressar suas experiências e criatividade, que podem estar manifestas nas personagens, enredos, cenários, conflitos e tramas, entre outros elementos e indícios das obras;
- se há presença de humanidade nas personagens negras, não recorrendo a imagens limitadoras que reprisam e fixam negras e negros em condições de inferioridade, controle e subalternidade;
- se no acervo há obras que suscitam a ideia de seres humanos como parte da natureza, como no caso de livros que trazem cosmovisões ligadas aos orixás;

- se os livros reconhecem o continente africano a partir das suas potências (materiais e imateriais), buscando um olhar crítico para a multiplicidade de realidades e relações existentes. Neste sentido, é importante questionar ideias:
  - que estigmatizam África como país único e homogêneo;
  - que estejam alicerçadas em fetiches e primitivismos: nem o idealismo romântico cultural, nem o fatalismo do precário e violento;
  - que fixem África ao passado;
  - que revelem dicotomias entre ancestralidade e contemporaneidade.

O quadro não pretende *prescrever* os atributos que devem ter os livros de literatura negra para crianças para que sejam considerados de "qualidade". Afinal, estabelecer critérios rígidos a uma literatura que está no alvorecer de sua produção pode ser algo contraproducente, pois a literatura não está a reboque dos estudos críticos literários. Ao contrário, ela estará sempre à frente da crítica (Miranda, 2019, p. 39). Acerca da interação entre os dois campos, as obras literárias ampliam o raio de interesse dos estudos literários, enquanto estes trazem contribuições às análises em torno dos sentidos e significados das literaturas como produto estético, cultural, social e histórico humano, em sua relação com os diferentes sujeitos e instituições, além de exercer influência nas políticas e programas ligados ao livro.

Portanto, a sistematização feita tem como intenção instigar o olhar em torno desse tipo de acervo.

Convém lembrar que algumas dessas ideias podem mudar com o tempo, a depender do surgimento de novos títulos literários, de novas teorias e questões literárias, das políticas de incentivo e fomento a essa literatura, da amplitude do debate público sobre o assunto e que envolve toda a teia de fazedores da literatura (autoras/es, ilustradoras/es, editoras/es, leitores crianças, leitores adultos, educadoras/es etc.).

A sistematização de ideias sobre essa literatura, como busquei trazer aqui, pode contribuir com as intenções e decisões político-pedagógicas e literárias para atuar com esse tipo de acervo, além de permitir que gradativamente possamos pensar os paradigmas e princípios que desejamos preservar em nossas práticas educadoras e os que precisamos romper e transformar.

Ainda, é uma forma de contribuir com a construção de uma história e tradição da literatura negra para crianças – do passado ao presente –, estabelecendo parâmetros e marcos importantes que incidem nessa trajetória, e reconhecendo formas de mobilização e organização para a constituição desse acervo, a partir da identificação do que já existe, das lacunas nessa produção e das necessidades de incentivo e ampliação.

POR FIM, MAS NÃO O FIM...

Olhar a literatura negra para crianças como acervo humano permite entender o quanto ela evoca um campo enunciativo que traz uma pluralidade de vozes, experiências e expressões, as quais, durante muito tempo, foram invisibilizadas na e pela literatura infantil brasileira.

Nesse sentido, dar a ver e promover essa literatura dilata e restaura o próprio sentido da literatura nacional para a infância, fornecendo aos leitores crianças, ou melhor, construindo junto com os leitores crianças um amplo repertório de leituras que possam acompanhar o seu percurso de vida.

No presente ensaio, busquei articular algumas ideias em torno da literatura como direito humano e das concepções sobre literatura infantil brasileira, crianças e infâncias, e da literatura negra para crianças, ressaltando que estas são instâncias importantes para pensarmos, de maneira crítica, o passado, o presente e o futuro da literatura para crianças no Brasil.

A literatura negra para crianças – na singularidade de cada obra e naquilo que as aproxima enquanto *corpus* literário – constitui importante campo enunciativo da literatura e dos estudos críticos literários contemporâneos. Ela introduz temas, dilemas, contradições, perspectivas sociais, culturais, estéticas, simbólicas, espirituais e afetivas que remodelam as fibras da literatura brasileira para crianças, de um jeito que ela já não pode ser identificada a partir de uma representação e subjetividade única e universalizante de infância.

REFERÊNCIAS BIBLIOGRÁFICAS

BENEVIDES, Bruna G.; NOGUEIRA, Sayonara Naider Bonfim (orgs.). *Dossiê dos assassinatos e da violência contra travestis e transexuais brasileiras em 2020*. São Paulo: Expressão Popular, ANTRA, IBTE, 2021. Disponível em: https://antrabrasil.org/wp-content/uploads/2021/01/dossie-trans-2021-29jan2021.pdf. Acesso em: 19 abr. 2022.

BRASIL. CONGRESSO NACIONAL. Projeto de Lei altera a Lei nº 10.826, de 22 de dezembro de 2003. Brasília, 2019. Disponível em: https://www.camara.leg.br/proposicoesWeb/prop_mostrarintegra?codteor=1769526&filename=PL%203723/2019. Acesso em: 19 abr. 2022.

_____. Lei nº 17.943-A, de 12 de outubro de 1927. Consolida as leis de assistência e proteção a menores. Brasília, 1927. Disponível em: https://www.planalto.gov.br/ccivil_03/decreto/1910-1929/d17943a.htm. Acesso em: 28 set. 2024.

_____. Lei nº 6.697, de 10 de outubro de 1979. Institui o Código de Menores. Brasília, 1979. Disponível em: https://www.planalto.gov.br/ccivil_03/leis/1970-1979/l6697.htm. Acesso em: 15 jun. 2024.

_____. Lei nº 10.639/2003, de 9 de janeiro de 2003. Altera a Lei nº 9. 394, de 20 de dezembro de 1996. *Diário Oficial da União*. Brasília: Poder Executivo, 2003.

_____. Lei nº 11.645, de 10 março de 2008. Altera a Lei nº 9.394, de 20 de dezembro de 1996, modificada pela Lei nº 10.639, de 9 de janeiro de 2003. *Diário Oficial da União*. Brasília: Poder Executivo, 2008.

CANDIDO, Antonio. O direito à literatura. In *Vários escritos*. 3. Ed. Revista e ampliada. São Paulo: Duas Cidades, 1995.

CASTRO, Michele G. Bredel de. (2010). *Noção de criança e infância: diálogos, reflexões, interlocuções*. Anais do Seminário do 16º COLE. UFF. Rio de Janeiro/RJ.

COMITÊ CIENTÍFICO DO NÚCLEO CIÊNCIA PELA INFÂNCIA. *Racismo, educação infantil e desenvolvimento na primeira infância*. São Paulo: Fundação Maria Cecilia Souto Vidigal, 2021. Disponível em: https://ncpi.org.br/wp-content/uploads/2021/10/WP-7_Racismo-Educ-Infantil--e-Desenvolvimento-da-Primeira-Infancia.pdf. Acesso em: 10 jul. 2024.

FERREIRA, Aurelio Buarque de Holanda. (2004). *Novo dicionário da língua portuguesa*. 3. ed. Rio de Janeiro: Régis Ltda.

FÓRUM BRASILEIRO DE SEGURANÇA PÚBLICA**.** *Anuário Brasileiro de Segurança Pública*. S/l, ano 15, 2021. Disponível em: https://apidspace.universilab.com.br/server/api/core/bitstreams/961c4757-345e-470d-a317-cd2224c9f9bc/content. Acesso em: 19 abr. 2022.

GOMES, Nilma Lino; ARAÚJO, Marlene de. *Infâncias negras: vivências e lutas por uma vida justa*. São Paulo: Vozes, 2023.

GONZALEZ, Lélia. A categoria político-cultural de amefricanidade. *Tempo Brasileiro*. Rio de Janeiro, nº 92/93. (jan.-jun.), p. 69-82, 1988.

HALL, Joan; MCLEOD, Ruth Alice; MITCHELL, Valerie (1987). ALEC, Harrison (Revisão e atualização em 2004). *Pequeno dicionário Xavante-Português/Português-Xavante*. Cuiabá: Sociedade Internacional de Linguística, 2004. Disponível em: https://www.sil.org/system/files/reapdata/16/61/99/166199173976060092688438569717382535843/XVDict.pdf. Acesso em: 15 jun. 2024.

IBGE. *Desemprego: Brasil*. Brasil: IBGE/PNAD, 2021. Disponível em: https://www.ibge.gov.br/estatisticas/sociais/trabalho/17270-pnad-continua.html. Acesso em: 19 abr. 2022.

JESUS, Carolina Maria de. *Quarto de despejo: diário de uma favelada*. São Paulo: Francisco Alves, 1960.

JUSBRASIL. Análise comparativa entre o Código de Menores de 1927 e o Código de Menores de 1979: aspectos políticos, sociais e jurídicos, 2024. Disponível em: https://www.jusbrasil.com.br/artigos/analise-comparativa-entre-o-codigo-de-menores-de-1927-e-o-codigo-de-menores-de-1979-aspectos-politicos-sociais-e-juridicos/2352366660#:~:text=O%20C%C3%B3digo%20de%20Menores%20de%201927%20foi%20a%20primeira%20legisla%C3%A7%C3%A3o,se%20envolviam%20em%20transgress%C3%B5es%2C%20de. Acesso em: 28 set. 2024.

MAYER, Bel Santos. Bons espelhos não são baratos: gastar para promover a igualdade ou para manter o racismo? São Paulo: *Revista Emília*, 2 set 2019. Disponível em: https://emilia.org.br/bons-espelhos-nao-sao-baratos-gastar-para-promover-a-igualdade-ou-para-manter-o-racismo/. Acesso em: 10 jul. 2024.

MINISTÉRIO DOS DIREITOS HUMANOS E DA CIDADANIA. GOVERNO FEDERAL. Lei nº 8.069, de 13 de julho de 1990: Estatuto da Criança e do Adolescente. Brasília: MDHC, 2024. Disponível em: https://www.gov.br/mdh/pt-br/navegue-por-temas/crianca-e-adolescente/publicacoes/eca_mdhc_2024.pdf. Acesso em: 15 jun. 2024.

MIRANDA, Fernanda. *Silêncios prescritos: estudos de romances de autoras negras brasileiras (1859-2006)*. Rio de Janeiro: Malê, 2019.

MORRISON, Toni. *A origem dos outros: seis ensaios sobre racismo e literatura*. São Paulo: Companhia das Letras, 2019.

NIKOLAJEVA, Maria. *Poder, Voz e Subjetividade na Literatura Infantil*. São Paulo: Perspectiva, 2023.

REDE PENSSAN. *VIGISAN: Inquérito Nacional sobre Insegurança Alimentar no Contexto da Pandemia da Covid-19 no Brasil*. Rede PENSSAN, 2021. Disponível em: https://olheparaafome.com.br/VIGISAN_Inseguranca_alimentar.pdf. Acesso em: 19 abr. 2022.

Literatura Indígena e a Educação

Carina Oliveira Pataxó[1]

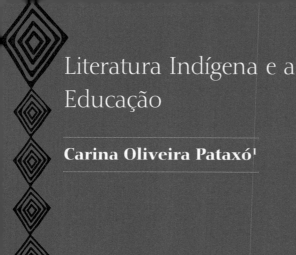

[1] Carina Oliveira Silva, mulher pataxó, pedagoga (UFRJ), mestre em Educação (UFRJ), doutoranda em Educação (UFRJ), pesquisadora de Literatura e professora de Biblioteca de escola privada no Rio de Janeiro – RJ.

A CONSTITUIÇÃO E O CAPÍTULO "DOS ÍNDIOS"

A década de 1970 marca o surgimento das organizações e movimentos em defesa dos interesses e direitos dos povos indígenas. Surge o Movimento Indígena Brasileiro (1970-1990), movimento de articulação das lideranças indígenas em busca de direitos para seus povos e comunidades. Os sujeitos indígenas passaram a participar da movimentação política, por meio de assembleias. Como consequência destas articulações do Movimento Indígena Brasileiro e da divulgação em torno da política etnocida da conjuntura histórica, os direitos indígenas são reconhecidos e incluídos na Constituição Federal de 1988.

O artigo 231 da Constituição assevera que "são reconhecidos aos índios[2] sua organização social, costumes, línguas, crenças e tradições, e os direitos originários sobre as terras que tradicionalmente ocupam, competindo à União demarcá-las, proteger e fazer respeitar todos os seus bens." Nesse sentido, aos povos indígenas são legitimadas suas comunidades e organizações, e a defesa de seus direitos e interesses passa a fazer parte

2 O capítulo "Dos Índios" é parte de uma política indigenista promulgada por não indígenas. Naquele momento histórico não havia reconhecimento público, de forma geral, da diversidade entre os povos indígenas, o que justificaria o uso do termo "índio".

das atribuições das instâncias jurídicas do País. A Constituição Federal de 1988 garantiu o direito dos sujeitos e povos indígenas existirem enquanto povo brasileiro, podendo, então, reivindicar ao Estado brasileiro a oferta de uma educação diferenciada que respeite os costumes e vivências de cada comunidade, políticas públicas para o atendimento à saúde, a recepção e o tratamento adequado às denúncias de violações de direitos, entre outros. Uma nova relação entre os povos indígenas e sociedade dominante passa a ser estabelecida, relação de igualdade no sentido da cidadania brasileira.

Diante do direito da cidadania brasileira e da identidade indígena previsto pela Constituição Federal de 1988, "nasce" a literatura indígena. Os sujeitos indígenas passaram de objeto de enunciado alheio a sujeitos de enunciação do próprio discurso. Passam a apresentar suas identidades conforme suas versões e seus meios. Embora a oralidade seja anterior à escrita, a linguagem escrita passou a ser importante para que estas vozes se pronunciassem.

O MEU LUGAR NO MUNDO

Desde a minha infância, não de maneira muito nítida, eu já não ouvia as "vozes" dos indígenas na cidade grande, Rio de Janeiro. Os cantos eram só memórias que, no máximo, eram cantarolados por mim. As danças que assistia na televisão ou presenciava nas festas, nada remetiam às que por algum tempo acompanhei. Tudo era diferente. Pessoas próximas a mim diziam que "agora sim estou aprendendo coisas de gente de verdade" (na escola).

Por muitos anos, nos livros de história e nas literaturas brasileiras a que tive acesso, não me senti representada, na maneira com que a figura do índio era partilhada. As lutas 'perdidas' dos povos indígenas e as terras quase 'dadas de bandeja' aos 'navegadores' muito se afastavam das histórias que ouvia dos velhos Pataxó. Ao exercitar minha memória da infância, me recordo que, ao se aproximar o mês de abril, faltava-me motivação para frequentar as aulas – já esperava por uma exposição ou projeto que me colocasse em evidência, em constrangimento. Embora eu reconheça relevâncias do dia 19 de Abril, e que não são parte (explícita) da escrita deste texto, pontuo que a data me atravessava de modo pejorativo, de maneira que eu quase sempre precisava me "fantasiar" para provar, ou reafirmar, a minha identidade. Há uma frase de Eliane Potiguara[3] em um dos seus poemas

---

3 Eliane Potiguara, nascida na cidade do Rio de Janeiro, é professora, escritora, ativista e empreendedora indígena, além de fundadora da Rede Grumin de mulheres indígenas.

que me chama a atenção: "Brasil, o que eu faço com a minha cara de índia?". Por muitos anos, eu tentei *suavizar* a minha cara de índia, a minha pele de índia, os meus olhos de índia, a minha memória de índia.

Na escola, embora vagas lembranças, pedia à professora que contasse histórias sobre os índios, porém, ela afirmava que esses livros não faziam parte do acervo da escola. Acreditei, num determinado momento, que a história de parte da minha família não fosse tão importante, pois na escola havia diversos livros, mas nenhum sobre as temáticas indígenas, que são de extrema importância no que diz respeito à história, formação e cultura brasileiras. Cultura esta que engloba culturas de mais de 305 povos indígenas. Que devem ser reconhecidas e valorizadas na escola e pela escola e, logicamente, pela sociedade brasileira como um todo.

Neta de Txorã, velho Pataxó, vivi dois anos (1998-2000) da minha infância (entre "idas e vindas") na aldeia Pataxó (Barra Velha), em Porto Seguro, sul da Bahia. Presenciei e vivi movimentos de cultura próprios e modos de viver da comunidade. Contavam-me diversas histórias. Certa vez, à beira de um pequeno lago, olhava a chuva com o meu avô. Observamos como ela caía forte sobre o solo e se misturava ao lago já formado. Ficamos longos minutos observando o que acontecia – ou, pelo menos, longos minutos na minha inquietação de sair dali para subir nos troncos das árvores. Os minutos passavam, a chuva caía e se juntava ao lago, e meu avô em silêncio... Ele bocejou algumas palavras das quais não me recordo, porém, ele estava saudando a chuva. Ele repetia e repetia as mesmas palavras, depois se virou para mim e disse: "A natureza é generosa, retribui com chuva e bênçãos àqueles que cuidam dela e de seu povo". É muito provável que não tenha usado com exatidão essas palavras, mas foi algo próximo disso. Nunca me esqueci das palavras do meu avô. Palavras estas que têm assumido muitos outros contornos à medida que conheço mais da literatura indígena. A escolha da literatura indígena enquanto tema de pesquisa se articula com um dos meus muitos lugares: o de mulher Pataxó.

No ano de 2018, ainda aluna do curso de Pedagogia na Universidade Federal do Rio de Janeiro, minha orientadora, Profª Drª Patricia Corsino, me apresentou obras escritas por autores indígenas, a literatura indígena. No mesmo ano, participei do Encontro dos Autores Indígenas, evento organizado pela Fundação Nacional do Livro Infantil e Juvenil (FNLIJ). Ouvi, vi, conheci e conversei com Daniel Munduruku, Cristino Wapichana, Trudruá Dorrico, Auritha Tabajara e muitos outros, e pensei: "Nossa, essas pessoas existem". Hoje, avalio essa minha fala não verbalizada por dois vieses. Primeiro, ainda que tentando me afastar dessa ideia, meu discurso estava carregado por estereótipos em que os 'índios' viveriam e circulariam somente em contexto de isolamento. Segundo, desconstruindo o primeiro, num sentido de "não estou sozinha, me identifico com essas pessoas". Considero que talvez esses dois pensamentos tenham sido, de alguma forma, despertados simultaneamente.

Em 2020, criei o perfil no Instagram "Literatura Indígena Brasileira" (@literaturaindigenabrasil) com a intenção de divulgar a literatura indígena brasileira e de indicar livros e autores indígenas, bem como reafirmar a minha identidade e orgulho indígenas. Antes da pandemia de Covid-19, costumava ser convidada a conversar com professores, crianças e alunos sobre a literatura indígena e seus desdobramentos, e tive a oportunidade de observar o quanto a literatura indígena era pouco conhecida e pouco presente nas escolas. Com a pandemia e as restrições de contato social, pensei na criação do perfil como possibilidade de compartilhamento de vivências e da literatura indígena num duplo movimento: de divulgação de autores indígenas e suas obras, e como procedimento metodológico da minha pesquisa de mestrado. A literatura indígena se articula à minha trajetória de vida e tem ganhado cada vez mais relevância. Entretanto, a relevância das temáticas indígenas tem se mostrado não apenas na minha vivência, com a militância que fui assumindo ao pensar a literatura como território de resistência e de protagonismo das culturas indígenas, mas também no percurso acadêmico iniciado com o trabalho final do curso de Pedagogia.

LITERATURA INDIANISTA E LITERATURA INDIGENISTA

Por séculos, os discursos do colonizador construíram a identidade indígena. A escrita do não indígena iniciou--se com os primeiros "navegadores". Depois, por cronistas e romancistas, e a partir dos séculos XIX e XX, por antropólogos e outros estudiosos. A imagem do 'índio' foi atrelada a obstáculos para o desenvolvimento de um projeto de País. Deste modo, os estereótipos firmados sobre o indígena, como a falta de humanidade e a ideia do bom selvagem, consolidados via literatura, deram o tom para as violências contra esses povos. Povos que tiveram suas terras expropriadas, seus corpos violados e suas culturas silenciadas via assimilação e integração à sociedade dominante. As vozes indígenas foram marginalizadas desde a colonização para que não pertencessem ao sistema de produção de conhecimento ocidental. No entanto, os sujeitos indígenas passaram a adotar os domínios técnicos do Ocidente, com a finalidade de que sua enunciação lhes desse visibilidade política: como a escrita alfabética.

Com a promulgação da Constituição Federal em 1988, os sujeitos indígenas passaram a escrever, publicar e ocupar outras funções sem serem anulados. Passaram a apresentar as identidades indígenas conforme suas versões e de acordo com seus olhares e experiências. A escrita de cronistas e romancistas sobre a figura do 'índio' no período romântico é caracterizada como literatura indianista. A literatura indianista se destaca enquanto representação da figura do indígena no plano do sistema literário brasileiro, da escrita do 'índio' pelo não índio. A escrita indianista configurou variados estereótipos de uma imagem atravessada pelo olhar do colonizador. Dessa forma, essa escrita representa a Europa enquanto centro enunciador das identidades. O território brasileiro, através do debate nacionalista, efetuava a separação política de Portugal. Em 1822, o Brasil torna-se um país independente de Portugal. A partir disto, é desenvolvido um projeto de busca e afirmação de uma identidade nacional.

Ao tratar de obras que se voltam para temas que o imaginário ocidental associa ao universo indígena, mas que não são indígenas, destacamos a literatura indigenista. A literatura indigenista busca compreender as cosmologias indígenas para dar a conhecer essas culturas à sociedade de um modo geral. De acordo com Thiél (2012)[4], a obra indigenista é produzida a partir do olhar do não indígena sobre o indígena. Nesta produção, o mundo indígena é o tema e o indígena é o informante, porém, não é o agente da narrativa. Segundo a autora, a produção indigenista intenta informar não indígenas sobre um homem e um universo que lhes são alheios. A obra *Os índios e a civilização*, do antropólogo Darcy Ribeiro, exemplifica o texto indigenista.

LITERATURA INDÍGENA E MEMÓRIA ANCESTRAL

A literatura indígena é um movimento estético-político. É quando os sujeitos indígenas passam de objeto de enunciado alheio a sujeitos de enunciação do próprio discurso. Intenta revisar e questionar ideias distorcidas dos séculos de colonização e silenciamento. A escrita passa a ser instrumento de revisão das identidades individuais e coletivas. Escrita que permanece, resiste e independe da performance física. Escrita que chega às pessoas, indígenas ou não indígenas, que representa um espaço de sociali-

---

4 Janice Thiél, doutora pela UFPR e estudiosa da Literatura Indígena, foi professora da PUC-PR, autora de *Pele silenciosa: a literatura indígena em destaque*, publicado pela Autêntica Editora, em 2012.

zação, divulgação das culturas indígenas e demarcação de um território simbólico. Na articulação entre forma e conteúdo, a literatura indígena carrega marcas da oralidade e formas próprias de dizer, de pensar o mundo, de viver com e como natureza.

A literatura indígena é aquela desenvolvida por escritores indígenas, que retomam a história oficial do Brasil e dos estereótipos construídos pelos colonizadores e a (re)constroem pelos seus olhares. É também lugar das narrativas que celebram o amor à terra, à pertença étnica, o orgulho indígena, a luta pelo protagonismo, pelo território. Contém a possibilidade de autorrepresentação dos povos que foram marginalizados no panorama cultural e político nacional.

A literatura indígena passou a ser um instrumento de atualização da memória ancestral. Memória esta que utilizou a oralidade como equipamento preferencial para a difusão dos saberes tradicionais. Engloba mais que o texto escrito, abrange inúmeras manifestações culturais dos povos indígenas, como o grafismo, os rituais, o canto e a dança, e também as narrativas tradicionais. Há circularidade entre o oral e o escrito. Há marcas de oralidade no escrito e este, por sua vez, pode ser lido em voz alta, retomando a performance corporal, da voz e dos gestos do narrador. A oralidade é anterior à escrita alfabética. No entanto, a partir do contato com o colonizador, da necessidade por direitos, de denúncias, perpetuação da memória e expressão das pertenças étnicas, a escrita alfabética representa grande importância. Desse modo, novamente destacamos a literatura indígena enquanto demarcação simbólica de território, já que o sujeito indígena fala a partir de um lugar, da pertença étnica. Pensar no livro e seus trânsitos e possibilidades é pensar na difusão da cosmovisão indígena, seja nas histórias tradicionais ou criações contemporâneas dos autores e autoras indígenas.

Mesmo diante do esforço, principalmente, dos escritores e escritoras indígenas e de aliados para apresentar e divulgar a literatura indígena, observamos o desconhecimento e a dificuldade de se encontrar obras da literatura indígena brasileira, por exemplo, nas bibliotecas, escolas, universidades, livrarias. Ainda que haja a publicação de poemas, contos, crônicas, textos de diversos gêneros, poucos são os leitores que os leem como obras literárias. Janice Thiél (2012) afirma que os que o fazem, limitam-se a enxergar neles quase uma dimensão "exótica" apenas, o que torna a identidade do sujeito indígena mero objeto de curiosidade. Ou seja, esvaziada de valor cultural e estético. Para a autora, existe uma folclorização da textualidade indígena. A leitura de textos consagrados é importante para a formação leitora, porém, ler somente o que é valorizado pelo cânone ocidental pode limitar a formação de repertório e conduzir à desqualificação dos textos com narrativas não ocidentalizadas. Diante do explicitado, é urgente repensar as relações entre a sociedade nacional, sujeitos e povos indígenas a partir do viés da educação escolar.

TEMÁTICAS INDÍGENAS NA ESCOLA

Em 2008 é aprovada a Lei n° 11.645/2008, que alterou a Lei de Diretrizes e Bases da Educação para incluir a obrigatoriedade do ensino de História e Cultura Indígena nos currículos escolares. Embora este ordenamento legal não inclua a Educação Infantil, é possível observar, conforme as Diretrizes Curriculares Nacionais para a Educação Infantil (CNE-CEB, Resolução n° 5, 2009), a orientação para que as propostas pedagógicas, organização do espaço, tempo e materiais promovam a apropriação das crianças de 0 a 5 anos acerca das contribuições histórico-culturais dos povos indígenas. Contribuições também a partir de vivências éticas e estéticas com outras crianças e grupos culturais, como possibilidade de ampliação de padrões de referência, de identidade e conhecimento da diversidade. As práticas pedagógicas na Educação Infantil devem promover o relacionamento e a interação das crianças com as diversas manifestações das artes plásticas e gráficas, da música, do cinema, da fotografia, da dança, do teatro, da poesia e da literatura. As propostas devem propiciar "o conhecimento pelas crianças das manifestações e tradições culturais brasileiras" (BRASIL, 2010, p. 26-27). Devem possibilitar condições para o trabalho coletivo e a organização de materiais, espaços e tempos que assegurem "a apropriação pelas crianças das contribuições histórico-culturais dos povos indígenas, afrodescendentes, asiáticos, europeus e de outros países da América" (BRASIL, 2010, p. 20).

A literatura indígena no espaço escolar, entre outros, representa a ampliação de padrões de referência, identidade e conhecimento da diversidade. Representa a possibilidade de vivências éticas e estéticas com outras crianças e grupos culturais. Desse modo, tanto as crianças como os estudantes de outras faixas etárias não terão apenas contato com as histórias pertencentes ao cânone brasileiro ou estrangeiro. Terão acesso a outras versões desse projeto de País e também a outras vivências indígenas da contemporaneidade. Ou seja, acesso, relação e possibilidades de valorização de outros modos de viver e reconhecimento de especificidades passam a ser direitos consolidados. Ao tratar das temáticas indígenas na escola, é fundamental voltar o olhar à formação inicial e continuada do(a) educador(a). Formação que também deve ser pensada a partir dos escritos indígenas. Tal escrita nos convoca, enquanto professores, à educação antirracista.

Ou seja, uma educação comprometida com a diversidade e os direitos dos povos indígenas e outras identidades minorizadas. Direito que também se consolida na medida em que as culturas indígenas são (re)apresentadas, socializadas e amplamente divulgadas. Ou seja, a escola seria a instituição que deveria garantir o acesso das crianças às culturas indígenas e à sua história. No entanto, a existência da lei por si só não resulta necessariamente em sua execução. Além do monitoramento e fiscalização do cumprimento dos aparatos legais, faz-se necessária a criação de condições e sensibilizações para a sua efetivação. Como exemplos, o desenvolvimento de políticas públicas voltadas para a seleção e distribuição de obras de literatura indígena nas escolas brasileiras, bem como as de formação inicial e continuada de professores.

Ao tratar da urgência de políticas públicas de distribuição de obras de literatura indígena às escolas brasileiras, destaco alguns resultados da minha monografia final para o curso de Pedagogia, intitulada "A presença de obras literárias indígenas nos acervos de programas governamentais de livro e leitura", cujo objetivo principal é identificar a presença de obras literárias indígenas nos acervos de programas governamentais de livro e leitura. Destaco o Programa Nacional Biblioteca da Escola - PNBE, no qual analisei as listas dos anos 2008, 2010, 2012 e 2014.

PROGRAMA NACIONAL BIBLIOTECA DA ESCOLA

Desenvolvido pelo Ministério da Educação em 1997 e financiado com recursos consignados no orçamento do Fundo Nacional de Desenvolvimento da Educação (FNDE), o Plano Nacional Biblioteca da Escola (PNBE) promoveu o acesso à cultura e o incentivo à leitura nas escolas públicas de Educação Básica cadastradas no Censo Escolar, de maneira universal e gratuita, por meio da distribuição de acervos de obras de literatura, de pesquisa e de referência.

O PNBE foi dividido em três ações. O PNBE Literário: o qual avaliou, selecionou e distribuiu obras literárias cujos acervos foram compostos por textos em prosa (teatro, memórias, crônicas, novelas, contos e biografias); em verso (advinhas, parlendas, cantigas e poemas); e livros de imagens e história em quadrinhos. As outras duas ações foram: PNBE Periódicos e o PNBE do Professor. Conforme o Portal do Ministério da Educação (MEC), a avaliação e distribuição de obras de literatura tiveram como objetivo a promoção de leitura literária, ou seja, fruição, reelaboração da realidade e leitura como ampliação de conhecimentos para estudantes e professores. O processo de seleção e avaliação dos livros foi ordenado em três critérios: a qualidade gráfica, textual e temática. A qualidade gráfica, através da escolha de projetos gráficos de qualidade que possibilitem a interação do leitor com o livro, ilustrações e uso de recursos gráficos que sejam adequados aos leitores. A qualidade temática, dada pelos aspectos éticos, literários e estéticos, como também em relação à estrutura narrativa, poética ou imagética e vocábulos que ampliem e respeitem o repertório linguístico dos leitores. A qualidade textual corresponde à garantia na diversidade de temas adequados para diferentes contextos sociais e culturais.

O Fundo Nacional de Desenvolvimento da Educação (FNDE) elaborou e publicou o edital que estabeleceu normas para inscrição e avaliação dos livros. Com as inscrições das obras, foi realizada triagem coordenada pelo Instituto de Pesquisas Tecnológicas (IPT), que fez a verificação dos aspectos físicos e editoriais dos livros. Após a triagem, os livros foram encaminhados para uma instituição pública de Ensino Superior selecionada pelo MEC, e a instituição foi escolhida a partir de um edital público de seleção. No período de 2006 a 2014, o Centro de Alfabetização, Leitura e Escrita (CEALE) da Universidade Federal de Minas Gerais foi o responsável pela avaliação do PNBE. Posteriormente, os livros foram organizados em lotes para serem encaminhados aos pareceristas, para que elaborassem um parecer para cada obra. Depois da avaliação dos pareceristas, foi organizada uma lista com os títulos selecionados, por meio da qual o FNDE iniciou a negociação e contratação das editoras, determinando a tiragem para cada livro. Por fim, a Empresa Brasileira de Correios e Telégrafos (ECT) distribuiu os livros das editoras diretamente às escolas; e no caso das instituições localizadas nas zonas rurais, os acervos foram entregues nas secretarias municipais de educação ou prefeituras, as responsáveis pela chegada dos acervos às escolas.

No PNBE 2008 foi iniciada a distribuição de acervos de literatura para as escolas de Educação Infantil (EI) e Ensino Médio. A inclusão da Educação Infantil no PNBE demonstrou avanço com relação à garantia de formar leitores a partir da mais tenra idade. O primeiro acervo enviado para as instituições de Educação Infantil foi para crianças de quatro a seis anos; e em 2010 foi ampliado para o atendimento às crianças de zero a três anos. Quanto à distribuição dos acervos de literatura, nos anos pares foram distribuídos para as escolas de Educação Infantil (creche e pré-escola), para os primeiros anos do Ensino Fundamental (EF) e para a Educação de Jovens e Adultos (EJA). Nos ímpares, a distribuição foi direcionada para os últimos anos do Ensino Fundamental e do Ensino Médio.

O PNBE 2015 contou com o PNBE Indígena, visando adquirir obras de literatura sobre esses povos para estudantes e professores da Educação Infantil e para os primeiros anos do Ensino Fundamental, e os acervos eram compostos por vinte e cinco obras. No entanto, não houve distribuição nas escolas, já que o programa passou por instabilidades e os livros não avançaram na etapa entre o edital e a negociação junto às editoras.

O principal objetivo do PNBE foi democratizar o acesso ao livro, tanto para os leitores, por meio dos livros literários, quanto para os professores, através dos materiais de pesquisa. O Programa Nacional Biblioteca da Escola esteve em atuação de 1997 até 2014, e foi suspenso em 2015 por questões orçamentárias. Ao longo dos anos, o PNBE foi mantido, ampliado e aprimorado. Os editais para a seleção dos títulos literários priorizavam textos de diferentes gêneros, temáticas, ilustrações e representações culturais. O PNBE se configurou como uma política pública de leitura, e avançou em diferentes contextos políticos.

Nas tabelas a seguir, identifiquei nas listas do PNBE dos anos 2008, 2010, 2012 e 2014 títulos de literaturas indígenas (autoria indígena) e literaturas de temáticas indígenas (autoria não-indígena) selecionados e distribuídos às escolas públicas cadastradas no Censo Escolar. Optei por analisar as listas do PNBE a partir do ano de 2008, ano em que a Educação Infantil (4-6 anos) foi contemplada pelo programa.

Relação Acervo PNBE – 2008

Tabela 1: Acervo Geral

Categoria	Acervo 1	Acervo 2	Acervo 3	Acervo 4	Acervo 5	Quant.	TOTAL
EI	20	20	20	0	0	60	**160 livros**
EF	20	20	20	20	20	100	

Tabela 2: Literatura Indígena ou Literatura de Temática Indígena

Categoria	Acervo 1	Acervo 2	Acervo 3	Acervo 4	Acervo 5	Quant.	TOTAL
EI	0	0	0	0	0	0	**3 livros**
EF	1	1	1	0	0	0	

No ano de 2008 foi estabelecida pela Lei nº 11.645/2008 a inclusão no currículo oficial da rede de ensino básica (EI/EF/EM) a obrigatoriedade da temática "História e Cultura Afro-brasileira e Indígena".

O PNBE como política pública de acesso à cultura e incentivo à leitura nos termos de títulos distribuídos, conforme descrito na Tabela 2: Literatura Indígena ou Literatura de Temática Indígena, nos faz visualizar que, no ano de 2008, as literaturas/temáticas indígenas foram contempladas, ainda que em quantidade bastante reduzida se comparamos com o número total de obras selecionadas e distribuídas.

Tabela 3: Obras selecionadas de Literatura Indígena e Literatura de Temática Indígena

Categoria	Título	Autoria	Editora	Quant.	Indígena
EF	*A Lenda da Paxiúba*	Terezinha Éboli	Ediouro	1	não
	Um índio chamado Esperança	Luiz A. Galdino	Nova Alexandria	2	não
	Catando piolhos, contando histórias	Daniel Munduruku	Brinque-Book	3	sim

Conforme os dados da Tabela 1 e 2, observamos que dentre três acervos com o total de 60 livros destinados para a Educação Infantil (EI), nenhum livro contempla as temáticas indígenas. Quanto aos anos iniciais do Ensino Fundamental (EF), dentre cinco acervos selecionados e distribuídos com o quantitativo igual a 100 livros, há três obras de temática indígena. No entanto, de Literatura Indígena há somente *Catando piolhos, contando histórias*, de Daniel Munduruku, conforme elucidado na Tabela 3, juntamente com as outras duas obras com temática indígena, intituladas *A lenda de Paxiúba* e *Um índio chamado Esperança*.

Relação Acervo PNBE – 2010

Tabela 4: Acervo Geral

Categoria	Acervo 1	Acervo 2	Acervo 3	Acervo 4	Quant.	TOTAL
EI (0–3)	25	25	0	0	50	**200 livros**
EI (4–5)	25	25	0	0	50	
EF	25	25	25	25	100	

Tabela 5: Literatura Indígena ou Literatura de Temática Indígena					
Categoria	Acervo 1	Acervo 2	Acervo 3	Acervo 4	Quant.	TOTAL
EI (0-3)	0	0	0	0	0	
EI (4-5)	0	0	0	0	0	1 Livro
EF	0	0	0	1	1	

Tabela 6: Obras selecionadas de Literatura Indígena e Literatura de Temática Indígena					
Categoria	Título	Autoria	Editora	Quant.	Indígena
EF	Poemas de Iara	Andrés A.S. Rodrigues	Língua Geral dos Livros	4	não

No PNBE – 2010, podemos observar, na Tabela 4, dois acervos constituídos por 50 livros para a creche (0-3 anos) e 50 livros para a pré-escola (4-5 anos), em um total de 100 livros destinados para a Educação Infantil. Neste montante, conforme evidenciado pela Tabela 5, não há a presença de obras de temática indígena e nem de obras de literatura indígena.

Ainda de acordo com a Tabela 4, observamos que, para os anos iniciais do Ensino Fundamental, foram selecionados e distribuídos quatro acervos compostos por 25 livros cada, totalizando 100. Dentre quatro acervos, conforme elucidado na Tabela 6, encontra-se *Poemas de Iara*, que é um livro com temática indígena, mas não é literatura indígena.

Relação Acervo PNBE – 2012

Tabela 7: Acervo Geral

Categoria	Acervo 1	Acervo 2	Acervo 3	Acervo 4	Quant.	TOTAL
EI (0–3)	25	25	0	0	50	
EI (4–5)	25	25	0	0	50	**200 livros**
EF	25	25	25	25	100	

Tabela 8: Literatura Indígena ou Literatura de Temática Indígena

Categoria	Acervo 1	Acervo 2	Acervo 3	Acervo 4	TOTAL
EI (0–3)	0	0	0	0	
EI (4–5)	1	0	0	0	2 Livros
EF	0	0	1	0	

Tabela 9: Obras selecionadas de Literatura Indígena e Literatura de Temática Indígena

Categoria	Título	Autoria	Editora	Quant.	Indígena
EI (4–5)	*Abaré*	Graça Lima	Paulus	1	não
EF	*O nome do filme é Amazônia*	Paulinho Assunção	Dimensão	3	não

Já no PNBE de 2012, conforme a Tabela 7, apresenta que na Educação Infantil foram constituídos dois acervos com um total de 100 livros, sendo 50 livros destinados para creche (0-3 anos) e 50 livros para pré-escola (4-5 anos). De acordo com a Tabela 8, no acervo 1 da

Educação Infantil (pré-escola) há uma obra de temática indígena, intitulada *Abaré*.

Ainda na Tabela 7, identificamos que foram selecionados e distribuídos 4 acervos, compostos por 25 livros cada, para os anos iniciais do Ensino Fundamental, totalizando 100 obras. Dentre esses 100 livros, há apenas uma obra de temática indígena, como demonstrado na Tabela 8 (acervo 3) e Tabela 9, intitulada *O nome do filme é Amazônia*.

Relação Acervo PNBE – 2014

Tabela 10: Acervo Geral						
Categoria	Acervo 1	Acervo 2	Acervo 3	Acervo 4	Quant.	TOTAL
EI (0–3)	25	25	0	0	50	200 livros
EI (4–5)	25	25	0	0	50	
EF	25	25	25	25	100	

Tabela 11: Literatura Indígena ou Literatura de Temática Indígena						
Categoria	Acervo 1	Acervo 2	Acervo 3	Acervo 4	Quant.	TOTAL
EI (0–3)	0	0	0	0	0	5 Livros
EI (4–5)	0	1	0	0	1	
EF	1	0	3	0	4	

Tabela 12: Obras selecionadas de Literatura Indígena e Literatura de Temática Indígena

Categoria	Título	Autoria	Editora	Quant.	Indígena
EI (4–5)	*Curupira, brinca comigo*	Lô Carvalho	Bambuzinho	2	não
EF	*A Mulher que virou urutau*	Olívio Jecupé e Maria Kerexu	Guia dos Curiosos Comunicações	1	sim
	Estórias de Jabuti	Marion Villas Boas	Florescer	3	não
	Karu Tatu	Daniel Munduruku	Edelbra	3	sim
	Yaguaraboia, a mulher-onça	Yaguarã Yamã	Leya	3	sim

No PNBE – 2014, último ano em que esta política pública esteve vigente, observamos, na Tabela 10, dois acervos constituídos por 50 livros para a creche (0-3 anos) e 50 livros para a pré-escola (4-5 anos), em um total de 100 livros para a Educação Infantil. Conforme a Tabela 11, no acervo 2 da Educação Infantil (pré-escola), e a Tabela 12, que contém os nomes dos livros e seus autores/autoras, há uma obra de temática indígena, *Curupira, brinca comigo*.

Para os anos iniciais do Ensino Fundamental, a Tabela 10 evidencia que foram selecionados e distribuídos 4 acervos compostos por 25 livros cada, totalizando 100. E é possível identificar, conforme as Tabelas 11 (acervos 1 e 3) e 12 demonstram, que há uma obra de temática indígena, denominada *A mulher que virou urutau*, e 3 de literatura indígenas: *Estórias de Jabuti, Karu Tatu* e *Yagua-rãboia: a mulher-onça.*

No ano de 2014 é possível verificar que houve um número maior de livros para o Ensino Fundamental (EF) de obras que envolvem memórias indígenas quando comparamos aos anos anteriores. Contudo, vale pontuar que dentre 100 livros distribuídos, apenas quatro abordam as memórias, realidades, costumes, contos dos povos indígenas, o que é um dado alarmante.

Ao observarmos um panorama geral de todos os anos (2008 a 2014) das obras selecionadas e distribuídas pelo Programa Nacional Biblioteca da Escola (PNBE) às escolas públicas cadastradas no Censo Escolar, constatamos a presença reduzida de obras de temática indígena nos acervos destinados à Educação Infantil e Educação Básica.

Os números são ainda mais desanimadores quando se trata de literatura indígena. Cabe assinalar que nos anos de 2010 e 2012 houve distribuição apenas de obras de temática indígena. Em 2014, o quantitativo distribuído de literaturas de temática indígena e literatura indígena foi maior, pela primeira vez, quando contemplamos a Educação Infantil (pré-escola), ainda que com uma obra de temática indígena (diante de 50 livros organizados em 5 acervos) e três de literatura indígena (diante de 100 livros distribuídos para o Ensino Fundamental).

O Programa Nacional Biblioteca da Escola representou uma importante via de difusão e acesso à leitura e à literatura, mas a pouca presença de livros de temática indígena e, principalmente, de literatura indígena, me fez questionar sobre o papel da política pública no reconhecimento e circulação das culturas indígenas no campo da educação escolar.

A Lei 11.645/2008 reconhece a demarcação simbólica de território diante também da autoria indígena, por meio da escrita alfabética; de uma literatura indígena enquanto possibilidade de porta de entrada nas histórias, culturas e cosmopercepções indígenas; no direito das crianças e estudantes de acesso à literatura; e a importância da diversidade de títulos das autoras e dos autores indígenas que na contemporaneidade são muito diversos e têm produzido inúmeras obras e enriquecido o arcabouço literário indígena.

CONSIDERAÇÕES FINAIS

Para que a literatura indígena alcance a sala de aula é preciso que seus leitores, professores e estudantes disponham de referenciais teóricos, de maneira que as textualidades indígenas sejam interpretadas em seu contexto cultural e estético. Enquanto educadora, considero que tratar das temáticas indígenas no contexto escolar é, também, tensionar nossos saberes e práticas pedagógicas. **111**

A história e as culturas indígenas devem atravessar os currículos escolares (Lei nº 11.645/2008), e não ficar restritas a um componente curricular ou a uma unidade de ensino. Durante um breve relato de experiência escolar (uma unidade municipal da zona norte da cidade do Rio de Janeiro), em que conversei com alunos do quarto ano do Ensino Fundamental sobre a literatura indígena, uma das crianças comentou que sabia "a diferença entre índio e indígena". Em sua fala, o aluno mencionou que havia lido um dos livros do escritor indígena Daniel Munduruku em uma biblioteca de seu bairro. Citou também que já havia lido na escola algumas outras obras do autor. É o que defendo: a literatura indígena como possibilidade de entrada das culturas indígenas a partir das vozes indígenas e a reflexão sobre o outro. Ou seja, as observações do aluno não somente denotam sua formação leitora, como também sua formação cidadã. Não defendo aqui a literatura com 'função' educadora, no sentido didático. Mas, sim, a literatura como possibilidade de conhecimento, ampliação de repertório, reflexão e diálogo. O emprego do termo "índio" reforça imaginários. Imaginários que consolidam a relação construída entre os sujeitos indígenas e o selvagem, o violento, o empecilho para o "desenvolvimento". Pontuo que esse termo ("índio") tem negado a subjetividade do sujeito indígena; consequentemente, ele nega a diversidade dos povos originários. O termo "indígena", dentre outros, tem se colocado como reconhecimento do sujeito em seu pertencimento étnico.

Desde o ano de 2018, atuo ministrando palestras e oficinas, especialmente com educadores e educadoras. Ao longo destes anos, pude observar o desconhecimento de parte considerável desses sujeitos sobre autores e obras de literatura indígena. Em uma parcela de alunos e crianças, observei um direcionamento pouco alinhado com a diversidade dos povos indígenas brasileiros; poderia afirmar que, em alguns casos, foi grande o desconhecimento da temática para além dos estereótipos. No entanto, entendo que o fato de ser convidada para ir às escolas é uma porta de entrada para pensar coletivamente as especificidades dos sujeitos e povos indígenas, trazendo maior significado à formação continuada dos professores. Atualmente, atuando como professora de biblioteca do 1º ao 5º ano do Ensino Fundamental em uma escola privada no Rio de Janeiro, meu olhar tem sido cada vez mais atento em direção a uma educação antirracista, a começar pelos referenciais dos textos e outras produções. A literatura indígena é a possibilidade de nos arrancar de uma perspectiva predatória; a literatura indígena nos convida a olhar por outra ótica: a da floresta. Floresta somos.

REFERÊNCIAS BIBLIOGRÁFICAS

BRASIL. Constituição. *Constituição da República Federativa do Brasil.* Brasília, DF: Senado Federal: Centro Gráfico, 1988.

_____. Fundo Nacional de Desenvolvimento da Educação. *Programa Nacional Biblioteca da Escola.* Disponível em: <http://www.fnde.gov.br/programas/biblioteca-daescola/biblioteca-da-escola-apresentacao>. Acesso em: 15 out. 2024.

_____. MINISTÉRIO DA EDUCAÇÃO E DO DESPORTO. *Lei de Diretrizes e Bases da Educação Brasileira.* Brasília, 1996.

_____. MINISTÉRIO DA EDUCAÇÃO. CNE/CEB. *Diretrizes Curriculares Nacionais para a Educação Infantil.* Acesso em: 15 out. 2024. Brasília.

GRAÚNA, Graça. *Contrapontos da literatura indígena contemporânea no Brasil.* Belo Horizonte: Mazza Edições, 2013.

KRENAK, Ailton. *Ideias para adiar o fim do mundo.* São Paulo: Companhia das Letras, 2019.

_____. Ailton. *Futuro ancestral.* São Paulo: Companhia das letras, 2022.

MUNDURUKU, Daniel. *O caráter educativo do movimento indígena brasileiro (1970-1990).* São Paulo: Paulinas, 2012. (Coleção Educação em Foco. Série Educação, História e Cultura).

THIÉL, Janice. *Pele Silenciosa:* a literatura indígena em destaque. Belo Horizonte: Autêntica Editora, 2012.

A presença negra nos livros para as infâncias

Ananda Luz[1]

---

[1] Educadora, curadora e pesquisadora. Coordena os cursos de pós-graduação em "Educação e Relações Étnico-Raciais" e "O Livro Para a Infância" (A Casa Tombada, SP).

> A palavra "ficcional" arrebata o leitor para um tempo e espaço que não são seus. Desse modo, ele experiencia um viver distante do seu, ao mesmo tempo tão próximo, e ao voltar desse encontro ficcional, já não é o mesmo; ele é capaz de reconfigurar o seu viver. (Eliane Debus[2])

Ler é viajar! Ler é mergulhar no conhecimento! Na literatura cabem mundos! A leitura tem um poder de libertar! Essas são frases (clichês?) sobre livros, leitura e literatura que talvez você já deva ter lido em algum lugar, provavelmente em uma postagem de redes sociais, em um cartaz ou até escutado alguém falar. Mas, se refletirmos

2 Eliane Debus é mestre em Literatura Brasileira (UFSC,1996) e doutora em Letras (PUC-RS, 2001). É professora adjunta na Universidade Federal de Santa Catarina na área de Letras e de Educação, com ênfase em Literatura Infantojuvenil. Também é escritora de livros para a infância.

um pouco mais sobre elas, sairemos cheias de perguntas, principalmente quando lançamos percepções sobre a produção dos livros para as infâncias. Em uma aula[3], escutei da escritora e pesquisadora de literatura infantil Heloisa Pires Lima que: "se a literatura apresenta mundo, não está faltando mundo aí?". A partir desse questionamento, analisando as publicações de literatura infantil brasileiras, tanto nas décadas passadas quanto na contemporaneidade, perceberemos que por muito tempo uma história única foi contada e, como a escritora Chimamanda Adichie afirma, isso é perigoso. Principalmente porque não apresentam "mundos", no plural, e sim uma percepção única de mundo. Essas histórias, ao serem narradas repetidamente, nos convencem de que só há um modo de ser e existir e, portanto, uma possibilidade única de humanidade.

A poeta moçambicana Eliana Nzualo (2017), ao dizer sobre a importância das histórias na sua vida, afirma: "(...) estes livros, estas histórias que me permitiram imaginar outros mundos para além daquilo onde eu estava". Mas não para por aí em suas reflexões; a autora traz ques-

---

3 Aula ministrada no curso de pós-graduação "O Livro Para a Infância: processos contemporâneos de criação, circulação e mediação" (A Casa Tombada, SP).

tionamentos que dialogam diretamente com os que as escritoras Chimamanda Adichie e Heloisa Pires Lima nos provocam: *por que é tão problemático quando só lemos narrativas que nos apresentam uma existência como possível? Principalmente quando este modo de existir é tão distante dos nossos?* Os livros, geralmente, nos apresentam como condição de humanidade pessoas que sejam homens brancos. Mesmo que não esteja explícito, este dizer é reafirmado a cada leitura quando encontramos apenas um modelo de personagem vivenciando situações do dia a dia, uma grande aventura ou até mesmo problemas existenciais e realização de sonhos. Eliana Nzualo, ao refletir sobre isso, relata ainda:

> Foi através dessas histórias que eu aprendi o que eram castelos, o que era neve, o que eram grutas. Essas histórias ensinaram-me também que havia uma experiência de humanidade partilhada, porque nessas histórias todas as pessoas sentiam muito frio, sentiam calor, choravam, riam, que são emoções que eu também sentia aqui no meu mundo. (Nzulao, 2017)

As três autoras questionaram a inexistência de personagens que se pareçam com elas nas literaturas, problematizaram o não se encontrarem com os lugares onde viviam ou ainda vivem e, principalmente, perguntavam o porquê de suas histórias não serem narradas. Já que é tão importante acessar outros mundos como se reconhecer no seu, se ver nos livros – já que não é só conhecer novas culturas, novos modos de vida –, é necessário saber que a nossa forma de existir é interessante o suficiente para ser uma história. Conhecer somente o outro tem impacto de como nos percebemos. Como Chimamanda Adichie (2019) constatou com o acesso a livros que nunca a narraram: "A consequência não intencional foi que eu não sabia que as pessoas como eu podiam existir na literatura".

E quando visitamos a história das publicações de livros de literatura infantil no Brasil, podemos comprovar que as personagens negras são inexistentes, estereotipadas ou postas em situações de violência explícita, ou nos detalhes. Há várias pesquisas que revelam como esses estereótipos se manifestam nas literaturas infantis. A pesquisadora Débora Araújo[4], em sua obra não ficcional *Personagens negras na literatura infantil*, mapeou pesquisas que analisavam as formas de hierarquização postas a personagens negras na literatura infantil e juvenil produzidas no Brasil, nas quais é possível detectar

---

4 Débora Oyayomi Araújo é doutora e mestra em Educação e professora do Centro de Educação da Universidade Federal do Espírito Santo.

personagens negras em situação de subalternidade à personagem branca, personagens negras almejando o mundo belo atribuído para personagens brancas ou a personagem negra dependendo da personagem branca para ascender. Também é possível encontrar com constância pesquisas denunciando a representação das mulheres negras que aparecem nas histórias somente como empregada doméstica ou sensualizada, entre outras (Araújo, 2017). Heloisa Pires Lima nos atenta para a força que as ilustrações de um livro têm ao lembrar que as imagens podem cristalizar percepções não positivas de si comparativamente ao que é apresentado, geralmente exaltado e distante de nós:

> As imagens ilustradas também constroem enredos e cristalizam as percepções sobre aquele mundo imaginado. Se examinadas como conjunto, revelam expressões culturais de uma sociedade. A cultura informa, através de seus arranjos simbólicos, valores e crenças que orientam as percepções de mundo. (Lima, 2005, p. 101)

Heloisa, ainda, apresenta como os estereótipos se consolidaram e nos convida a várias reflexões que podemos transpor para livros publicados ainda hoje. A relevância e atualidade de suas pesquisas são dadas, principalmente, porque com a Lei nº 10.639/2003[5] houve um movimento do mercado editorial para produção de livros com personagens negras para atender as compras governamentais a partir da obrigatoriedade do ensino das culturas e histórias afro-brasileiras e africanas. Com a legislação, mesmo que no início timidamente, foi possível ampliar a percepção das culturas africanas e afro-brasileiras, e os livros para as infâncias abriram muitas conversas ao apresentarem grande parte dessas histórias. O multiartista Lázaro Ramos, ao entrevistar Muniz Sodré[6] no programa "Espelhos"[7], escuta que a literatura no Brasil diz mais sobre nós que as ciências sociais; portanto, é de grande relevância que – principalmente a partir da legislação –

5 A Lei nº 10.639/2003 modificou a Lei de Diretrizes e Bases da Educação Brasileira (LDB 9.394/96) apontando a obrigatoriedade do ensino de História e Cultura Africanas e Afro-brasileiras em todas as áreas na Educação Básica. Em 2008, a lei foi modificada pela Lei nº 11.645/2008, que além da obrigatoriedade do ensino de História e Cultura Africanas e Afro-brasileiras, acrescenta a História e Cultura dos Povos Indígenas Brasileiros.

6 Muniz Sodré de Araújo Cabral (1942) é sociólogo, jornalista, tradutor e professor universitário.

7 "Espelhos" é um programa de entrevista realizado por Lázaro Ramos vinculado ao Canal Brasil. Esta entrevista é citada, também, no livro *Na minha pele*, escrito por Lázaro Ramos e publicado pela editora Objetiva, em 2017.

o mercado editorial comece a se abrir para as literaturas infantis com presenças negras – seja na autoria, nas personagens e/ou na temática.

Neste debate é importante ressaltar que antes da legislação já havia publicações importantes circulando pelo Brasil produzidas por autores/as negros/as que se dedicaram aos livros para as infâncias e, nas suas obras, traziam a intencionalidade ao narrar as forças das histórias africanas e afro-diaspóricas, como o escritor Joel Rufino dos Santos[8], que publicou em 1985 o livro *A botija de ouro* (Ática). E Heloisa Pires Lima[9], que em 1998 publicou o clássico *Histórias da Preta* (Companhia das Letrinhas) e, anos antes, em 1995, coordenou a Coleção Orgulho da Raça

8 Joel Rufino dos Santos, (1941-2015) foi um historiador e escritor carioca, com atuação política na luta contra a desigualdade racial. Publicou dezenas de livros, sendo sua primeira publicação para crianças a obra *O caçador de lobisomem, ou, o estranho caso do cussaruim da Vila do Passavento*, lançada em 1975 pela Abril Cultural.

9 Heloisa Pires Lima (1955) é uma importante intelectual brasileira que atua como educadora, pesquisadora e escritora. Seu livro *Histórias da Preta* já recebeu diversos prêmios e, até hoje, é adotado em escolas, habitando muitas estantes. Em 2005, propôs o projeto-livro *A semente que veio da África*, no qual convidou Georges Gneka e Mário Lemos, respectivamente da Costa do Marfim e de Moçambique, para escreverem o livro; com isso, trouxe África para o Brasil nesta publicação da editora Salamandra. Hoje, tem publicado dezenas de livros para as infâncias.

(Memórias Futuras), voltada para o público infantil, na qual trouxe outro clássico da literatura infantil: *O menino Nito*, escrito por Sonia Rosa[10], que hoje é publicado pela editora Pallas. A Geni Guimarães[11] publicou o livro *A cor da ternura* (FTD), em 1989, e Júlio Emílio Braz[12], em 1991, publicou o livro *Luis Gama, de escravo a libertador* (FTD), citando apenas alguns/algumas autores/as importantes na história da literatura infantil do nosso País.

Também é importante compreender que, por mais que a Lei nº 10.639/2008 tenha aberto o mercado para

---

10 Sonia Rosa (1959), professora de Educação Básica, contadora de histórias e escritora com 30 anos (em 2025) da sua primeira publicação, *O menino Nito*. A autora, após revisitar sua trajetória durante seu mestrado, nomeou seu fazer literário como "Literatura negro-afetiva para crianças e jovens".

11 Geni Guimarães (1947) é professora, autora de ficção e poesia, e publica desde 1981. Seu livro *A cor da ternura* é um clássico na literatura infantil e, recentemente, em uma nova edição, ganhou ilustrações de Vanina Starkoff pela editora FTD. Também, no mesmo ano (2019), publicou o livro *Pênalti*, pela editora Malê.

12 Júlio Emílio Braz (1959), autor premiado internacionalmente, tem se dedicado à publicação de livros para as infâncias e juventudes, com mais de cem títulos lançados. Em 1988 recebeu o Prêmio Jabuti de Autor Revelação com o livro *Saguairu* (Atual), uma aventura poética com crítica social sobre questões ambientais e indígenas que, por sua atualidade, foi republicado pela editora Mostarda em 2021 com ilustração de Lucas Coutinho.

esses/as autores/as circularem, muitas publicações independentes e de pequenas editoras não chegaram a muitos/as leitores/as. A pesquisadora Maria Anória de Jesus Oliveira (2014, p. 20), ao apontar a responsabilidade de quem seleciona livros para as crianças, apresenta o quanto a literatura "torna-se um campo fértil para a demanda atual se considerarmos a sua plurissignificação e a necessidade de primarmos pela valorização das diferenças, sem as reduzir ao padrão meramente eurocêntrico". Mas a autora também pondera que "a produção existente, embora dispersa no mercado editorial, não chegou à maioria das instituições de ensino", principalmente quando falamos de editoras e publicações independentes. Isso, somado ao fato de que nem toda publicação que traz a presença de personagens negras são obras antirracistas; muito pelo contrário, podem reforçar estereótipos racistas. Para garantir o acesso a uma diversidade real nos acervos é urgente que tenhamos cuidado com as obras selecionadas. O autor e pesquisador Cuti suscita o debate do quanto é importante estarmos atentos às produções literárias para as crianças, pois, com a aprovação da lei e a crescente produção, é necessário ter senso crítico para analisá-las; como o próprio autor disse, "o racismo não dá trégua e não poupa as crianças" (Cuti, 2010, p. 144).

Uma autora que também apresenta a discussão sobre a importância de como a seleção de livros para as crianças deve ser cuidadosa é bell hooks[13] (2018). Ao dizer que a literatura infantil é um local crucial para dialogarmos com as crianças, afirma que precisamos estar atentos/as ao que nela habita, principalmente quanto aos/às educadores/as, que são os/as grandes curadores/as do acervo literário que as crianças recebem. É preciso verificar se a diversidade está garantida no acervo literário proposto. E quando falo de diversidade, é para além dos gêneros literários, mas também de escritores/as, ilustradores/as, editoras, formatos de livros e tudo o que promove o direito de a criança leitora ter acesso à bibliodiversidade. Além de todos esses pontos, é importante ressaltar que a bibliodiversidade, como um direito de acessar às mais variadas reflexões e pensamentos por intermédio da leitura, deve ampliar procedimentos, e como Renata Costa (2022, p. 119) afirma, "a bibliodiversidade está relacionada também com a defesa das diversidades culturais, étnicas, raciais e de gênero".

13 Gloria Jean Watkins (1952-2021) foi uma autora, professora, teórica feminista, artista e ativista antirracista que escolheu como seu pseudônimo bell hooks, grafado com letras minúsculas, pois seu desejo era dar ênfase à discussão, que pertence ao coletivo, e menos ao individual.

Trazer acervos pautados na bibliodiversidade é **125** garantir o direito das crianças negras a se encontrarem com diversas obras de diferentes autores/as, inclusive os/as que se pareçam com elas. Autores/as que, por terem muitas vezes suas representações ausentes dos livros que liam quando pequenos/as, fazem livros que podem ser espelhos para as infâncias. Espelhos para as crianças que estão vivendo suas infâncias neste momento e para pessoas adultas que, como elas, não acessaram livros que contavam suas histórias. Autores/as que fazem livros-encontros para que leitores/as negros/as possam construir suas identidades hoje ou preencher lacunas das ausências de se verem belos/as e potentes, reis e heroínas, vivenciar um sábado de tarde ou um almoço em família, saber que há infinitas formas de existir. Mas se engana quem pensa que literatura com presença negra é só para crianças negras. É para toda e qualquer criança – as que precisam acessar o direito de se encontrarem em um território que não as acolhiam, e também para as crianças que sempre se encontraram, porque precisam saber que há outras humanidades. A criança que só encontra ela mesma nos livros "perde a oportunidade de conhecer mais, ampliar as percepções das outras pessoas e de si e, principalmente, de saber que ao seu redor há muitas vidas e cada uma delas carrega em si muitas, mas muitas histórias que precisam ser contadas" (Luz, 2023, p. 6). Oportunizar o acesso às histórias e aos livros é proporcionar ao/à leitor/a um mergulho no seu mundo e nos muitos mundos existentes para palavrear com modos de ver, ouvir, ser e perceber distintos do seu; e este encontro é tão precioso que todas as pessoas têm [deveriam ter] o direito de vivenciar.

O LIVRO COMO TERRITÓRIO AFETIVO

Está dado que a literatura com presenças negras na autoria e/ou com personagens é para todos os leitores e leitoras, ainda porque um bom livro é para qualquer pessoa ler. Mas o que faz um livro ser um bom livro? Esta é uma questão que não tem muita uniformidade de opiniões, e por esta razão, há muitas respostas que podem divergir conforme o contexto em que estejam inseridas. Classificar um livro como bom ou não dependerá do que transborda na pessoa que lê, tanto na individualidade quanto como em alguém que compõe um coletivo repleto de valores. Mas há muitos elementos que contribuem para a qualidade do livro, como, por exemplo: a escolha da letra, do papel, do formato. Em outras palavras, o design pode convidar quem lê para gostar e se demorar mais na história, dar conforto, entre muitos outros elementos que fazem de um livro um bom livro. Como Plínio Martins Filho[14] (2008, p. 10-11) diz: "O arquiteto do livro é o designer. Quando um projeto é coerente e bem realizado, pode-se ler o livro com prazer". Porém, para as pesquisas que tenho realizado e nas bibliotecas que tenho montado, um elemento é inegociável: se o livro é um direito humano, um (bom) livro não pode ferir a humanidade de ninguém.

Dito isto, é importante ressaltar que com a literatura, no movimento de construir outras percepções de si e das suas histórias, escritores/as e ilustradores/as negros/as fizeram, com sua arte, territórios afetivos. Eles/as transformaram o livro em um território seguro para a existência de pessoas negras, onde crianças negras pudessem se ver nas suas potências, pudessem ter o direito de sonhar sem serem agredidas, onde encontrariam pessoas vivenciando situações parecidas com as suas, situações do dia a dia. Onde encontrariam pessoas como elas sendo humanizadas, rompendo o ciclo de inexistência posta pelo racismo impresso nos livros,

---

14 Plínio Martins Filho (1951) é professor na Escola de Comunicações e Artes da Universidade de São Paulo, e atua no mercado editorial há mais de cinquenta anos.

pois, como Azoilda Trindade[15] (2014) nos convocou a refletir, a invisibilidade é uma morte em vida. É preciso refletir, também, que mesmo que o livro não seja racista, nunca fazer livros com personagens negras em um país como o Brasil, onde mais da metade da população é negra, diz muitos sobre o não ver ou o não querer ver.

Perante esse debate, é mais do que importante compreender a autoria negra nos livros para as infâncias como um ato político, por deslocar o corpo negro de objeto para sujeito[16], protagonizando uma história mesmo que a personagem não seja a principal, pois no enredo ela tem nome, uma imagem valorizada e participação efetiva na história. A autoria negra nos livros para as infân-

---

15 Azoilda Trindade (1957-2015) foi professora universitária, intelectual negra de grande importância para uma educação antirracista, e publicou diversos estudos nessa área. Foi coordenadora pedagógica do projeto "A cor da Cultura", criado em parceria com o Canal Futura e outras instituições (2014).

16 Segundo bell hooks (2019), pessoas negras produzindo e evidenciando o protagonismo de suas produções deixam de ser objetos e se tornam sujeitos ao contarem suas histórias, ao invés de terem essas histórias contadas por outras pessoas. Lembrando que o nome bell hooks é grafado com letras iniciais minúsculas propositalmente em respeito ao posicionamento político da autora, que coloca o debate como mais importante do que quem escreve, trazendo a discussão para o campo do coletivo e não da individualidade.

cias reafirma este lugar, é livro-corpo-território por nos convidar a adentrar mundos plurais, ao mesmo tempo que é um território de muitos encontros, diálogos para a construção de uma sociedade antirracista, convite afetivo para as múltiplas existências.

Para refletir a força da autoria negra nos livros para a infância, que se materializa como um livro-corpo-território, é preciso antes de tudo visitar o conceito de livro, território e corpo-território. O livro, que é apenas um objeto que só ganha dimensão por trazer consigo corpos que escolheram imprimir na capa, nas folhas do miolo, nas letras escritas e nas ilustrações suas narrativas, esse livro ganha força política por se tornar um território de encontro dessas histórias com o/a leitor/a. O livro, com toda essa possibilidade de ser vivo e vida, dialoga com a territorialidade por construir relações de acesso a muitos lugares, por ser físico e também por comunicar os atores sociais que fazem parte do pluriverso. Os atores sociais são os que fazem a criação, circulação e mediação até o leitor e a leitora que constroem nesse território-livro a possibilidade de diálogos restauradores das identidades. E o livro, por ser território de muitas histórias, carrega consigo esta vida vivida quando é usado; por isso, precisa ser cuidado e, como Heloisa Pires Lima (2023, p. 63) nos convoca a refletir: "Contar uma história é como cuidar de uma fogueira. Ela precisa permanecer viva e aquecer a memória dos corações".

Ainda dialogando com alguns conceitos, trago para esta conversa o jornalista e pesquisador Muniz Sodré (2019, p. 24), por apresentar território como "espaço exclusivo e ordenado das trocas que a comunidade realiza na direção de uma identidade grupal", e o geógrafo Milton Santos[17] (2002, p. 14), por explicitar o território usado como "lugar de residência, das trocas materiais e espirituais e do exercício da vida". Ou seja, o corpo negro em contato com o território se transforma e é transformado na territorialidade. É no território que há possibilidade de as experiências de pertencimento se revelarem, tomarem corpo; podemos tomar o território como "um palco, onde todas as relações se expressam, (con)vivem" (Rogerio, Feltre e Luz, 2023, p. 56).

Já corpo-território, Muniz Sodré apresenta dessa forma:

Corpo-território: todo indivíduo percebe o mundo e suas coisas a partir de si mesmo, de um campo que lhe é próprio e que se resume, em última instância, a seu corpo. O cor-

17 Milton Santos (1926-2001) foi geógrafo, escritor, cientista, jornalista, advogado e professor universitário. Considerado um dos maiores pensadores do Brasil no século XX, renovou muitos conceitos da Geografia no mundo.

po é lugar-zero do campo perceptivo, é um limite a partir do qual se define o outro, seja coisa ou pessoa. O corpo serve-nos de bússola, meio de orientação com referência aos outros. Quanto mais livre sente-se um corpo, maior o alcance desse poder de orientar-se por si mesmo, por seus próprios padrões. (Sodré, 2019, p. 125)

Nessa relação pautada numa cosmopercepção, em função da reconstrução forçada da história de um povo em um território que não era seu, o corpo se torna um importante território. Quando pensamos a cosmopercepção no que a pesquisadora Oyèrónkẹ́ Oyěwùmí[18] (2021, p. 29) propõe – "uma maneira mais inclusiva de descrever a concepção de mundo por diferentes grupos culturais. (...) outras culturas que podem privilegiar sentidos que não sejam o visual ou, até mesmo, uma combinação de sentidos" –, acolhemos outras relações com o território. Principalmente por ser encontro com a ancestralidade e lugar de memórias que é capaz de transbordar sua energia vital no comunitarismo entre Valores Civilizatórios

---

18 Oyèrónkẹ́ Oyěwùmí (1957) é uma socióloga nigeriana de origem iorubá e professora associada de Sociologia na Universidade Stony Brook (NY, EUA). Pesquisadora interdisciplinar que apresenta o conceito de cosmopercepção e se dedica aos estudos de gênero, sociologia do conhecimento e perspectiva africana.

Afro-Brasileiros[19], como nomeou a pesquisadora Azoilda Trindade (2015). Esses valores nos convidam à reflexão e percepção de que "há muito do continente africano em nossa história e cultura, em nós, um convite para encontrar nossas origens e re-conhecer as marcas da África, em suas diversidades, reelaboradas pelos/as africanos/as que para o Brasil vieram" (Ferreira, 2019, p. 47). Diante desse debate, o corpo-território, como o pesquisador Eduardo Miranda[20] expressa, é "um texto vivo, um texto-corpo que narra as histórias e as experiências que o atravessa"; e o livro é um possível lugar para estas experiências porque nele, o/a artista negro/a que faz livros,

---

19 Os Valores Civilizatórios Afro-Brasileiros propostos para reflexão por Azoilda Trindade são: memória, circularidade, ancestralidade, territorialidade, oralidade, religiosidade, energia vital (axé), ludicidade, musicalidade, cooperativismo/comunitarismo e corporeidade. Que, segundo a autora, são: valores, talvez fundamentos morais, éticos e comportamentais que nos são significativos e importantes; e *civilização*, talvez um conjunto de produções materiais e imateriais de uma sociedade. No nosso caso, não significa a higienização do humano, nem seu apartamento da natureza, nem uma evolução; talvez afro-brasilidade, maneiras, possibilidades de matrizes africanas ressignificadas pelo modo de ser dos/as brasileiros/as. (Trindade, 2010, p. 13).

20 Eduardo Oliveira Miranda é professor na Faculdade de Educação da Bahia - Faced/UFBA, autor do livro *Corpo-território & educação decolonial: proposições afro-brasileiras na invenção da docência* (Edufba, 2021).

traz suas escrevivências[21]. O livro que traz essas vivências compartilhadas se torna mais que um objeto, torna-se um livro-corpo-território. Por ser, também, território de enfrentamento ao racismo, de fortalecimento de crianças negras e de conversa-convocação com crianças não negras para aprender a amar o diverso, como Criolo[22] cantou: "Quem vê de longe pode não gostar / Não entender e até censurar / Quem tá de perto diz que apenas é / Cultura, crença, tradição e fé".

Ao considerarmos que ocupar o território-livro a partir da autoria negra é força e renovação de encontro consigo tanto para a autoria quanto para quem lê,

---

21 A nossa "escrevivência" conta as nossas histórias a partir das nossas perspectivas, é uma escrita que se dá colada à nossa vivência, seja particular ou coletiva, justamente para acordar os da Casa Grande. [A escrevivência] seria escrever a escrita dessa vivência de mulher negra na sociedade brasileira. Eu acho muito difícil a subjetividade de qualquer escritor ou escritora não contaminar a sua escrita. De certa forma, todos fazem uma escrevivência, a partir da escolha temática, do vocabulário usado, do enredo a partir de suas vivências e opções. A minha escrevivência e a escrevivência de autoria de mulheres negras se dão contaminadas pela nossa condição de mulher negra na sociedade brasileira. Toda minha escrita é contaminada por essa condição. É isso que formata e sustenta o que estou chamando de escrevivência. (Evaristo, 2017)

22 Kleber Cavalcante Gomes, conhecido como Criolo, é cantor, compositor, ator, e foi indicado seis vezes aos prêmios Grammy Latino.

reconhecemos a força de que "todo relato de vida enegrecido é um exercício poderoso de descoberta e construção de identidades negadas" (Noguera, 2024, p. 19). O texto – da imagem ou da escrita – é também lugar de enfrentamento ao racismo, onde se transborda o que é ancestral e transgride o que foi imposto pela colonialidade. Lugar de narrar as belezas e as potências, mas também as dores. A autora e pesquisadora Kiusam de Oliveira[23] (2022, p. 8) fala da literatura como cura, por constituir "poder curativo pela sua estética e poética e por não se esquivar das verdades, por mais dolorosas que sejam". E a literatura de autoria negra se faz cura porque há literatura que é veneno, por reforçar uma educação "envenenada pelos preconceitos" (Munanga, 2005).

Consciente das mazelas dessa literatura que reforça estereótipos que desumanizam pessoas negras e/ou não trazem humanidade por ignorar suas presenças, deixando de representá-las, a autoria negra traz em sua produção artística literária a intencionalidade. Muitos autores, com suas contranarrativas, descolonizam as literaturas para as infâncias. Um grande exemplo é a LINEBEIJU elaborada

---

23 Kiusam de Oliveira é doutora em Educação e uma das mais importantes e reconhecidas autoras de literatura infantil brasileira contemporânea.

e conceitualizada por Kiusam de Oliveira. LINEBEIJU é sigla para Literatura Negro-brasileira do Encantamento Infantil e Juvenil, e faz parte da pedagogia Ecoancestral; ambas são epistemologias construídas pela autora. A pedagogia Ecoancestral abarca princípios como territorialidade, por propor o deslocar da centralidade europeia para as múltiplas percepções do continente africano que compõem nossas histórias de brasilidades; a ancestralidade que nos apresenta conhecimentos diversos produzidos por uma civilização africana e afro-brasileira; ser feminina e negra por compreender que mulheres negras são as que mais sofrem com as desigualdades sociais e têm suas forças e saberes dizimados; e a compreensão do corpo como templo sagrado (Oliveira, 2022). Dialogar com as epistemologias construídas pela autora é importante por ser construção de uma concepção de literatura e apresentar tudo isso relacionado a um corpo-templo-território; ao "resistir às atrocidades impostas pelos racistas, também deve ser visto como sagrado em prol da vida com dignidade. Um corpo ressignificado para a dignidade da resistência". (Oliveira, 2022, p. 10)

A autora ainda ressalta que para as crianças enfrentarem o racismo é preciso se encantar, como propõe sua literatura; e isso se dá pelo próprio corpo (Oliveira, 2022) revelando, assim, a potência da arte literária como posicionamento de mundo, ainda porque ninguém sai a mesma pessoa das leituras que realiza. Muitos/as autores/as elaboram também seu fazer literário como atuação de enfrentamento ao racismo e fortalecimento de identidades negras, ecoando suas vozes e das que vieram antes para as que ainda chegarão. E adentrar o livro-corpo-território dos livros para as infâncias é aceitar o convite para se ver no espelho. Como Waldete Tristão[24] (2023, p. 56) evoca em sua escrita, são contextos ilustrados que "expressam aspectos existenciais, espirituais, intelectuais, materiais, objetivos e subjetivos, reveladores de um processo histórico, social e cultural que demonstra que quem não sabe-sente de onde veio, não sabe-sente para onde vai!".

POR UMA EDUCAÇÃO ANTIRRACISTA A PARTIR DA LITERATURA

E como nada está desconectado, e por ser um fazer artístico com intencionalidade, quando refletimos sobre uma literatura de autoria negra, estamos também falando de uma educação antirracista. Por mais que as literaturas não

24 Waldete Tristão é doutora pela FEUSP, pedagoga e mestra pela PUC-SP, roteirista e autora de literatura infantil.

sejam ferramentas educacionais e nem sempre sejam utilizadas nas escolas, o processo educativo se dá em vários espaços formais e informais, e neles urgem este debate. A literatura provoca diálogos e, por isso, a literatura de autoria negra educa para as relações étnico-raciais. É importante compreender que falar de uma educação antirracista implica promover o debate da identidade e da representação, da diversidade de saberes que promove práticas dialógicas e criativas. Ainda porque, como nos apresenta bell hooks (2017), a educação não pode reforçar a dominação e, portanto, não pode reforçar estereótipos racistas. A educação deve ter um potencial libertador de aprendizado e, principalmente, que tenha reconhecimento da diversidade em todos os territórios:

> (...) precisa insistir em que a presença de todos seja reconhecida. E não basta simplesmente afirmar essa insistência. É preciso demonstrá-la por meio de práticas pedagógicas. Para começar, o professor precisa valorizar de verdade a presença de cada um. Precisa reconhecer permanentemente que todos influenciam a dinâmica da sala de aula, que todos contribuem. Essas contribuições são recursos. Usadas de modo construtivo, elas promovem a capacidade de qualquer turma de criar uma comunidade aberta de aprendizado. (hooks, 2017, p. 18)

Nesse debate, a autora nos faz refletir que a educação antirracista é para todas as pessoas, ao despertar para uma ampla compreensão de respeito e reconhecimento do outro como alguém de direito, um/a cidadão/ã. É relevante para que todos/as desconstruam a visão distorcida e estática de que existem papéis/lugares destinados socialmente para indivíduos conforme a sua cor da pele. Uma educação antirracista apresenta conhecimentos científicos numa perspectiva de romper com a estrutura, bem como uma literatura de autoria negra, mesmo que, na liberdade da criação artística, rompa com o discurso hegemônico ao trazer para os livros suas vozes e de tantas outras pessoas. E, ainda, haver tantas outras visões distorcidas e tantas ausências de vozes é comprovação de quanto racista é nossa sociedade e o quanto afeta as infâncias. Diversas pesquisas constatam como o racismo sofrido na infância tem impacto para toda a vida, como demonstra a pesquisa da Unicef (2010) que traz os dados do racismo nas infâncias. Ou ainda, Eliane Cavalleiro[25] (2015), que constatou em pesquisas com a primeira infância o quanto a ausência de cuidado

25 Eliane Cavalleiro é doutora e mestra em Educação pela Universidade de São Paulo (USP). Foi consultora da Unesco e do Ministério da Educação (MEC).

e/ou ações racistas de professores/as no tratamento com crianças negras marcam por toda a vida; ou, quando as pesquisadoras Benilda Brito[26] e Valdecir Nascimento[27] (2013, p. 22) revelam no livro *Negras inconfidências* o quanto o racismo deixa marcas profundas que, mesmo quando não ditas, estão nas memórias, e "ao revisitá-las, ainda se percebem as marcas vivas".

Para sair desse ciclo de humilhações e exclusão marcado pela linguagem, é preciso abrir espaços para outras falas ecoarem, e a literatura pode ser território de afeto, como Kiusam de Oliveira (2022) diz, cura para quem lê e quem escreve. Ou ainda, como Heloisa Pires Lima (2020, p. 370)[28], em uma entrevista em que relatou uma ação com histórias negras, comprova o quanto é mais que urgente as literaturas em todos os espaços, pois "A literatura derretia, feito manteiga, percepções que causariam dor".

26 Benilda Brito é pedagoga e mestre em Desenvolvimento e Gestão Social pela Universidade Federal da Bahia. Esteve à frente de programas de educação pública e serviços de defesa dos direitos humanos em Minas Gerais e na Bahia.

27 Valdecir Nascimento é historiadora, fundadora do Instituto Odara e coordenadora do Brasil na Red de Mujeres Afrolatinoamericanas, Afrocaribeñas y de la Diáspora.

28 *Outro olhar sobre a humanidade negra: entrevista com Heloisa Pires Lima*, realizada por Esdras Soares da Silva para a *Revista Crioula*, da Universidade de São Paulo.

É importante reverter esta narrativa de dor com afeto e informação, porque, como Lázaro Ramos diz, "afeto é potência" (2017, p. 122), e acrescento que informação é poder. É urgente afeto e informação, potência e poder. A literatura de autoria negra propõe essa transformação em múltiplas camadas por reverberar, por nunca findar, por ser convite a outros modos de ver e de sentir a nossa existência e de outras pessoas.

> Um livro nunca é só um livro, pode ser uma gira, uma constelação de mundos. Um livro pode funcionar como um caleidoscópio feito de memórias do passado e de memórias de futuro, como nos sonhos e na poesia. Pode ser o infinito no finito, vida que, sendo feita com a matéria das memórias do vivido, dos vivos que nos antecedem como ancestralidade, nunca cessa de existir e de brilhar em nós. (Cynthia Cy Barra[29], 2021)

---

29 Cynthia Cy Barra é pesquisadora de linguagens afrodiaspóricas e afro-indígenas. É professora doutora na Universidade Federal do Sul da Bahia (UFSB).

REFERÊNCIAS BIBLIOGRÁFICAS

ADICHIE, Chimamanda Ngozi. *O perigo da história única*. São Paulo: Companhia das Letras, 2019.

ARAÚJO, Débora Oyayomi. *Personagens negras na literatura infantil*: o que dizem crianças e professoras. Curitiba: CRV, 2017.

BARRA, Cynthia Cy. (Prefácio). *In*: HORA, Kaliana Oliveira da. *O Céu de Carol*. Ilustração: Stela Maria. Ilhéus, BA: Publicado por financiamento coletivo, 2021.

BRITO, Benilda e NASCIMENTO, Valdecir (Orgs). *Negras (In)Confidências, Bullying não. Isto é racismo. Mulheres negras contribuindo para as reflexões sobre a Lei 10.639/03*. Belo Horizonte: Mazza Edições, 2013.

CAVALLEIRO, Eliane. *Do Silêncio do Lar ao Silêncio Escolar*: Racismo, Preconceito e Discriminação na Educação Infantil. 6ed. São Paulo: Contexto, 2017.

COSTA, Renata. *Leitura Cria Mundos*: um projeto sobre a democratização do livro. Rio de Janeiro: Oficina Raquel, 2022.

CRIOLO. *Diferenças*. Composição para a série Tabu Brasil, da National Geographic, 2012. Disponível em: https://www.youtube.com/watch?v=VlQPopAtJb4. Acesso em: 20 mai. 2022.

CUTI, Luiz Silva. *Literatura negro-brasileira*. São Paulo: Selo Negro, 2010.

DEBUS, Eliane. *A temática da cultura africana e afro-brasileira na literatura para crianças e jovens*. São Paulo: Cortez: Centro de Ciências da Educação, 2017.

EVARISTO, Conceição. *In:* LIMA, Juliana Domingos de (Jornalista entrevistadora). Conceição Evaristo: "minha escrita é contaminada pela condição de mulher negra". *Jornal Nexo.* São Paulo: 26mai2017. Disponível em: https://www.nexojornal.com.br/entrevista/2017/05/26/Concei%C3%A7%C3%A3o-Evaristo-%E2%80%98minha-escrita--%C3%A9-contaminada-pela-condi%C3%A7%C3%A3o-de-mulher--negra%E2%80%99. Acesso em: 15 mai. 2024.

FILHO, Plínio Martins. *A Arte Invisível.* 2ed revista e ampliada. São Paulo: Ateliê Editorial, 2008.

hooks, bell. *O feminismo é para todo mundo*: políticas arrebatadoras. Tradução: Ana Luiza Libânio. Rio de Janeiro: Rosa dos Tempos, 2018.

_____. *Ensinando a transgredir*: a educação como prática da liberdade. 2 ed. São Paulo: Editora WMF Martins Fontes, 2017.

LIMA, Heloisa Pires. Personagens negros: um breve perfil na literatura infanto-juvenil. *In*: MUNANGA, Kabengele (Org.). *Superando o Racismo na Escola.* 2ed revisada. Brasília: Ministério da Educação; Secretaria de Educação Continuada, Alfabetização e Diversidade (Secad), 2005.

_____. O Conserta-cabeça África: uma imagem em vários fragmentos. Catálogo da Exposição "Karingana – presenças negras nos livros para as infâncias". Curadoria: Ananda Luz. Coordenação Editorial dos Textos: Heloísa Pires Lima e Ananda Luz. São Paulo: Sesc Bom Retiro, 15 jun 2023 a 31 jan 2024.

LUZ, Ananda. Karingana: presenças negras no livro para as infâncias. Catálogo da Exposição "Karingana – presenças negras nos livros para as infâncias". Curadoria: Ananda Luz. Coordenação Editorial dos Textos: Heloísa Pires Lima e Ananda Luz. São Paulo: Sesc Bom Retiro, 15 jun 2023 a 31 jan 2024.

_____. "Karingana wa Karingana: por entre histórias africanas e afro-brasileiras". Orientação: prof. Dr. André Domingues dos Santos e prof. Dra. Fabiana Carneiro da Silva. Mestrado. Programa de Pós-Graduação em Ensino e Relações Étnico-Raciais, Universidade Federal do Sul da Bahia (PPGER-UFSB), 2019.

MUNANGA, Kabengele. (Apresentação). *In:* MUNANGA, Kabengele (org.). *Superando o racismo na escola.* 2 ed. Brasília: Ministério da Educação, Secretaria de Educação Continuada, Alfabetização e Diversidade, 2005.

NOGUERA, Renato. Prefácio. *In:* ROSA, Sonia (Org.). *A Força das Falas Negras:* relatos de vidas. Rio de Janeiro: Pallas Editora, 2024.

NZUALO, Eliana. Karingana wa karingana. *In:* TEDx Maputo. Maio de 2017. Disponível em: https://www.youtube.com/watch?v=eXoXq2GLrzA. Acesso em: 25 mai. 2024.

_____. Escreve Eliana Escreve: um dia escrevo um livro. Blog pessoal. Disponível em: https://escreveelianaescreve.com/tag/eliana-nzualo/. Acesso em: 25 mai. 2024.

OLIVEIRA, Kiusam. Por que LINIBEIJU? *In:* OLIVEIRA, Kiusam (Org). *LINIBEIJU:* Literatura Negro-brasileira do Encantamento Infantil e Juvenil. Série Bagagem Literária. v1. Belo Horizonte: Nandyala, 2022.

OLIVEIRA, Maria Anória de Jesus. *África e Diásporas na Literatura Infanto-Juvenil no Brasil e em Moçambique.* Salvador: EDUNEB, 2014.

OYĚWÙMÍ, Oyèrónkẹ. *A invenção das mulheres:* construindo um sentido africano para os discursos ocidentais de gênero. 1. ed. Rio de Janeiro: Bazar do Tempo, 2021.

RAMOS, Lázaro. *Na minha pele*. 1. ed. Rio de Janeiro: Objetiva, 2017.

ROGERIO, Cris; FELTRE, Camila; e LUZ, Ananda. O Livro Para a Infância: processos contemporâneos de criação, circulação e mediação. *In*: A Casa Tombada (Org.). *Abrigar a Impermanência*: chão e telhado para o estudo e a pesquisa. São Paulo: Diálogos Embalados, 2023.

SANTOS, Milton. O dinheiro e o território. *In*: OLIVEIRA, Márcio P.; HAESBAERT, Rogério; MOREIRA, Ruy. *Território, territórios: ensaios sobre o ordenamento territorial*. Niterói: PPGEO/UFF, 2002.

SILVA, Esdras Soares da. (2020). "Outro olhar sobre a humanidade negra: entrevista com Heloisa Pires Lima". *Revista Crioula*, 25, 368-376. https://doi.org/10.11606/issn.1981-7169.crioula.2020.171680.

TRINDADE, Azoilda Loretto da. Valores Civilizatórios Afro--Brasileiros na Educação. Programa 2: *Salto para o futuro*. 2010. Disponível em: http://www.diversidadeducainfantil.org.br/PDF/Valores%20civilizat%C3%B3rios%20afrobrasileiros%20na%20educa%C3%A7%C3%A3o%20infantil%20-%20Azoilda%20Trindade.pdf. Acesso em: 14 mai. 2020.

_____. Olhando com o coração e sentindo com o corpo inteiro no cotidiano escolar. *In*: TRINDADE, Azoilda; e SANTOS, Rafael dos (orgs). *Multiculturalismo mil e uma faces da Escola*. 5. ed. Petrópolis: DP et Alli, 2014.

_____. Percurso Metodológico. *In*: BRANDÃO, Ana Paula; e SANTOS, Katia (orgs). *Saberes e Fazeres*: caderno de metodologia. 1 ed. Rio de Janeiro: Fundação Roberto Marinho, 2015.

TRISTÃO, Waldete. Agora posso me ver no espelho e saber-sentir de onde eu venho!. Catálogo da Exposição "Karingana - presenças negras nos livros para as infâncias". Curadoria: Ananda Luz. Coordenação Editorial dos Textos: Heloisa Pires Lima e Ananda Luz. São Paulo: Sesc Bom Retiro, 15jun2023 a 31jan2024.

UNICEF. *O impacto do racismo na infância*. Brasília: Unicef, 2010.

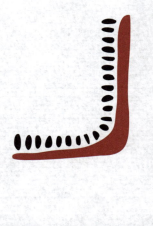

Quais histórias não devemos deixar de contar?[1]

Magno Rodrigues Faria[2]

1 Este texto foi desenvolvido a partir de um artigo escrito para o curso de pós-graduação "A arte de narrar histórias: abordagens poética, literária e performática", sob a orientação de Giuliano Tierno, n'A Casa Tombada.

2 Magno Rodrigues Faria é contador de histórias, professor e coordenador pedagógico com experiências no terceiro setor e nas redes pública e privada.

Há muitas possibilidades de responder à pergunta que dá nome a este texto. Embora fora de moda, pode-se parar, pensar, conversar, pesquisar e, de repente, responder ou voltar com muitas outras perguntas.

Como contador de histórias, essa é uma pergunta que me movimenta no ofício – tanto como contador de histórias propriamente, como educador ou cidadão. Talvez seja uma daquelas perguntas que nos assola há épocas. E com respostas práticas disponíveis em prateleiras e com perecimento imediato. Talvez seja uma daquelas perguntas que não damos tanta importância, diante de tantas escolhas que fazemos. Talvez não tenhamos como grave ou não tenhamos dado conta de que participamos, por não pensar muito nesta pergunta, de um projeto de extermínio da maior população deste País – epistemicídio, em outras palavras. Vai vendo. E como costumo dizer em encontros da biblioteca com crianças: para problemas complexos, não tem respostas simples.

E, falando em crianças, pensem comigo: se perguntarmos, por exemplo, "Quais histórias não devemos deixar de contar para crianças?" – embora a sensação de recorte exista, a amplitude também aparece imediatamente às pessoas atentas: Que crianças são essas? Em que tempo vivem? A qual grupo social pertencem? São crianças de 2 ou 11 anos de idade? São nascidas na ZL ou na zona sul de São Paulo? Migrantes de qual geração do Nordeste brasileiro? Ou de Alpercata, no leste de Minas Gerais? Faz diferença? São negras? Sabem que são negras, ou a eugenia corre solta no século XXI? Poderia, também, propor outros recortes: Quais histórias não devemos deixar de contar na periferia curitibana, quais histórias não devemos deixar de contar nos dias de hoje; quais histórias não devemos deixar de contar para adiar o fim do mundo; ou quais são as histórias que não devemos deixar de contar para crianças brancas. Todas com amplitudes e muitas possibilidades de pesquisa ainda.

Deixo você com a sua pesquisa específica. As crianças pertencem a um mundo orquestrado por adultos, e pensar nesta dinâmica é pensar sobre as histórias e infâncias que queremos, podemos e vislumbramos neste livro.

Aqui, falo do lugar de quem nasceu, foi criança e cresceu em Guaianases, na zona leste da cidade de São Paulo, desde 1984. E que foi a primeira geração de sua família que concluiu o Ensino Médio e, não tão em seguida, também o Ensino Superior – público, na USP. E que trabalha, estuda, pesquisa e tem como inquietação como as palavras (e seus suportes e espaços a elas destinados) podem dialogar melhor com o povo pobre, periférico e negro deste País. E, endosso, incluindo as crias. A tal da maioria minorizada.

A vereda, a escolha pela qual caminharemos por aqui nas próximas páginas tem como ponto de partida uma relação existente entre a narração de histórias e as notícias. Entraremos em uma dolorosa, lamentável e impune história de uma morte, a sua (não) veiculação. Apresentaremos algumas observações sobre o ato de contar histórias e uma consequente reação pública. E vamos, enfim, voltar a tecer considerações que dialogam com a pergunta do título: Quais histórias não devemos deixar de contar?

1. A HISTÓRIA COMEÇA NA RUA

É como se estivéssemos sendo privados de uma faculdade que nos parecia totalmente segura e inalienável: a faculdade de intercambiar experiências.

Uma das causas deste fenômeno é evidente: as ações da experiência estão em baixa. E tudo indica que continuarão caindo em um buraco sem fundo. Basta olharmos um jornal para nos convencermos de que seu nível está mais baixo que nunca, e que da noite para o dia não somente a imagem do mundo exterior, mas também a do mundo moral, sofreu transformações que antes teríamos julgado como absolutamente impossíveis.

(Walter Benjamin. *O narrador*, 1936)

Após manifestação por meio de redes sociais, um grupo de pessoas e alguns coletivos de São Paulo (mulheres negras em sua maioria) estavam empenhados em realizar no feriado da Paixão de Cristo, em 2014, um evento chamado "A Paixão de Cláudia".

O evento consistia, de maneira geral, em uma homenagem a Cláudia Silva Ferreira, de 38 anos, moradora da comunidade Congonha, em Madureira, cidade do Rio de Janeiro, atingida por uma bala perdida disparada por agentes da Polícia Militar no dia 14 de janeiro do mesmo ano. Foi socorrida pelos mesmos agentes ainda com vida e arrastada por cerca de 350 metros pela viatura, chegando ao hospital morta e com partes de seu corpo em carne viva.

A manifestação pública, que se constituiu em uma romaria entre duas igrejas no centro da cidade, "tendo a arte como viés estético, conceitual e reivindicador"

(Felinto, 2014), contou com a participação de cerca de 800 pessoas.

Eu estava nesta manifestação e algo me causou curiosidade quando estava caminhando pela rua Xavier de Toledo, à frente da multidão, então olhei para trás. A força no olhar, no caminhar e no vestuário dos manifestantes trazia algo de incomum ao cotidiano, além das rosas vermelhas que eram distribuídas e levadas por todos durante o trajeto.

Quis saber a história de vida de cada um que ali estava, seja de quem estava caminhando como público envolvido, ou atuando com *performances* artísticas. Vislumbrei, envolto pela atmosfera criada, uma possibilidade significativa de pesquisa na área de narrativas e memória pessoal. Entre tantas perguntas, algumas pairavam: O que fez com que cada uma daquelas pessoas parasse seus afazeres cotidianos e dedicasse um tempo de suas vidas para viver aquele momento? O que as motivou a suspender o tempo de suas vidas para realizar uma manifestação contra a violência policial em populações de favela, sobretudo contra a população negra?

Ao pensar sobre estas possibilidades de estudo, notei que havia algo que precedia: a história de Cláudia.

Todos estavam reunidos para afirmar indignações: mais uma morte na favela, mais uma morte de uma mulher negra, mais uma morte tratada como número nas estatísticas. E algumas das questões pontuadas durante a divulgação e o ato em si foram a não repercussão da morte de Cláudia, sua não identificação nas manchetes das notícias[3] e a não propagação do próprio ato em si por meio da chamada grande mídia, tarefa realizada pela mídia alternativa. Já à sensacionalista coube a dissemi-nação do vídeo amador que mostra o instante em que Cláudia está sendo arrastada pela viatura.

De acordo com Mino Carta (Furtado, 2014), um jornalista:

> (...) teoricamente oferece aos leitores a oportunidade de con-frontar opiniões, de ouvir versões e de também conhecer aquilo que eu chamo de verdade factual. A fim de formar sua própria posição em relação aos fatos da vida e do mundo.

Partindo desta fala, configura-se, então, um problema quando as histórias que lidam com a vida a tratam de maneira banal, tratando essa desvalorização como algo da ordem do corriqueiro, do normal. Muitas vezes são omiti-das, impossibilitando posições acerca dos acontecimentos

---

3 A expressão "mulher arrastada por carro de polícia" foi a maneira que a imprensa de internet utilizou para se reportar a Cláudia.

que assolam uma população e não permitindo a divulgação 153
de uma informação para a tessitura de narrativas.

Neste sentido, entre tantas possíveis perguntas há uma em relação ao que aconteceu com a morte de Cláudia. Se, em sociedades ancestrais africanas[4], os *tradicionalistas--doma*[5] noticiavam assuntos de interesse de determinado povo, conhecendo as pessoas a que se reportavam, em certa instância, na sociedade contemporânea é a grande mídia que possui um papel importante na veiculação do novo, das notas, portanto, das histórias e de narrativas de uma comunidade. A pergunta é: Como uma notícia, que em termos trágicos existe às centenas nos atuais meios de comunicação, sobretudo quando se referem aos "não lugares"[6], virou assunto e reflexão, motivou reuniões e

---

4 BÂ, Amadou Hampâté. A tradição viva. *In*: *História Geral da África I. Metodologia e pré-história da África*. Organizado por Joseph Ki-Zerbo. São Paulo, Ed. Ática/Unesco, 1980, p. 181-218.

5 *Tradicionalista-doma* é um termo que se refere a um conhecedor da tradição, que pode ser um grande historiador e genealogista, comum em várias regiões do continente africano.

6 Expressão trazida pelo filósofo alemão Cristoph Türcke (2010) para evidenciar espaços não noticiados, tais como periferias e favelas. Christoph Türcke (1948) é um filósofo alemão, professor da Universidade de Artes Gráficas e do Livro de Leipzig, e que nos anos 1990 foi professor visitante de Filosofia na Universidade Federal do Rio Grande do Sul, em Porto Alegre.

uma conseguinte ação? E, além disso, configurada com um caráter de exceção – se observarmos a quantidade de homicídios da população negra que, muitas vezes, sequer é narrada.

Outro ponto a ser analisado é a maneira sensacionalista como a morte de Cláudia foi veiculada pela internet, por meio de um vídeo amador que mostra o momento em que ela é arrastada pela viatura policial, reiterando o que afirma Türcke:

> Não é mais suficiente que os acontecimentos sejam por si só explosivos, confeccionados de forma chamativa, ou que tenham as manchetes gritadas como nas edições extras de outrora; o meio audiovisual necessita mobilizar todas as forças específicas de seu gênero e ministrar a notícia com toda a violência de uma injeção multissensorial, de forma que atinja o ponto que almeja: o aparato sensorial ultrassaturado dos contemporâneos. (Türcke, 2010)

Para traçar o caminho da morte de Cláudia até o evento "A Paixão de Cláudia", faz-se necessário um panorama da paisagem que o circunscreve, com a devida análise da banalização de notícias / histórias em prol da dita velocidade de informação. Também é importante considerar essa manifestação pública artística de uma maneira que nos permita pensar as narrativas como um evento que potencializa experiências. Quando o educador espanhol Jorge Larrosa, evocando Walter Benjamin, diz que "o periodismo é o grande dispositivo moderno para a destruição generalizada da experiência" (Bondía, 2002), ele nos mostra como isso tem relação direta com a escolha de histórias, sejam elas para crianças, adolescentes ou pessoas adultas.

2. HISTÓRIAS, NARRAÇÃO DE HISTÓRIAS E NOTÍCIAS

Conversa entre minha mãe, uma das minhas irmãs e eu:
Magno – Mãe, você lembra quando eu lia jornal, quando era criança?
Mãe – Ô, toda vez que podia, você parava na banca de jornal...
Juliana – Lembra quando você ficou lendo e esqueceu de me dar a mão e quase fui atropelada?!
Mãe – Sem contar que gostava de comprar o jornal de domingo.

Recordando a minha "tenra" idade, lembro-me dos fatos rememorados por minha mãe e irmã sobre um gosto particular de ler as manchetes de jornais. Há também a lembrança de comunicar o que eu lia, sobretudo as manchetes de esporte. Era comum tios e primos me perguntarem sobre os placares, próximas partidas, cores de uniforme, qual jogo seria transmitido no final de semana, se houve pênalti, escanteio, falta, punição por entrar com jogador irregular, impedimentos, rebaixamentos, probabilidades de ser campeão, público pagante, renda por jogo, transferências de jogadores e as sempre lamentáveis e incentivadas brigas de torcidas.

Contava o que eu lia achando que era a verdade. A sensação de importância por conta disso me fazia continuar a leitura das manchetes ou a leitura em detalhes em alguns jornais de domingo para seguir com essa função de em um primeiro momento informar e, conforme o ouvido do outro se disponibilizasse a ouvir, narrar grandes lances e histórias dos bastidores do jogo de futebol.

Outra recordação desta minha infância é a de dois trabalhos escolares referentes à análise de jornais.

Um, nas aulas de Geografia do agora Ensino Fundamental II, tínhamos que fazer críticas semanais a uma reportagem qualquer do noticiário impresso que nos chamasse a atenção. As melhores análises seriam expostas à sala na aula seguinte, o que fazia eu me desvincular um pouco dos esportes, uma vez que a professora não escolhia muito esse tema.

Outro, bem impactante, foi um trabalho, na então quarta série do Primário (atual quinto ano do EFI), em que reclamava indignado da notícia de um jornal que anunciava a coligação do PT com o PSDB para o segundo turno das eleições, para evitar a vitória de Paulo Maluf ao governo do Estado de São Paulo. Eu, sobrinho de petistas, havia entrado na campanha do primeiro turno e tinha um enorme desgosto pelo Mário Covas[7] (PSDB). E, acompanhando todas as críticas que o então candidato Zé Dirceu[8] fazia a ele naquela época, não pude compreender nos meus 10 anos de vida como eles poderiam ter se aliado. Os conceitos de "frente ampla", "sobrevivência estratégica" e "impedimento de ideologias de retrocesso" eram pouco palatáveis para mim, ainda criança, em 1994.

Já no curso de Pedagogia, uma professora de Metodologia de Ciências nos apresentou a notícia de um jornal carioca que dizia terem excluído o ensino de Ciências do Ensino Fundamental I para privilegiar o ensino de Língua Portuguesa e Matemática. Ficamos, durante quase quatro horas, debatendo quais seriam os

7 Mário Covas Júnior (1930–2001) foi um engenheiro e político filiado ao Partido da Social Democracia Brasileira, e governou o Estado de São Paulo entre 1995 e 2001.

8 José Dirceu de Oliveira e Silva (1946) é um político e advogado filiado ao Partido dos Trabalhadores. Foi deputado estadual e federal, e ministro-chefe da Casa Civil durante o primeiro Governo Lula.

impactos negativos e positivos desta decisão no ensino e qual seria nosso posicionamento depois disso: promover debates públicos, organizar passeatas, redigir cartas de repúdio ao MEC (Ministério da Educação). E, ao final da atividade, a professora, genialmente, revela que ela tinha inventado aquela notícia. Ficamos horas discutindo algo que, só pelo formato, já se engenhava como um fato, como uma verdade, apesar de ser uma tendência em algumas discussões de currículo a supressão do ensino de Ciências.

Na biblioteca em que atualmente trabalho, criei, influenciado direta ou indiretamente por essas memórias noticiosas e essas narrativas construídas por meio de manchetes, imagens e reportagens, uma oficina chamada "Verdade ou Mentira", em que apresento algumas notícias (veiculadas pela grande mídia, mídia alternativa ou inventadas por mim) e discutimos com crianças de 6 a 12 anos a veracidade do que está escrito. As crianças saem pela escola lendo as notícias selecionadas e pedindo opiniões, buscando outras fontes que confirmem ou refutem a sua própria opinião. Notícias que vão desde um surreal espanto com a notícia por mim inventada, como "A menina de boca furada que abandona a escola e vai ao circo", passando pela icônica "grávida de Taubaté" ("as pessoas acreditaram nisso?"), até o comentário de um menino de 11 anos ao ver uma notícia sobre incêndio na favela do Jaguaré: "Tomara que esta seja mentira!"

Tanto nesta oficina quanto em todos os outros exemplos oferecidos pela minha memória sobre este assunto, as notícias, sejam elas apenas em manchetes ou em grandes reportagens, teceram narrativas do que seria o momento atual, o hoje. Verdadeiras ou não, imparciais, como muitos veículos se propõem, ou não, além de informar, essas notícias criaram e criam narrativas, imaginários, realidades, promovem conversas e impressões sobre o que seria este mundo que habitamos. Evidenciam um panorama.

Todos os exemplos que foram dados configuram-se também como exercícios de pausa. Uma suspensão no tempo para a análise das notícias fora do contexto veloz em que são anunciadas e muitas das vezes descartadas como algo que já passou e perdeu importância. A reportagem lida, relida, por muitas vezes refletida e discutida, trazida à oralidade, reunindo pessoas para o que está ocorrendo, perto ou longe, promovendo, em algumas vezes, ações. A notícia pode ser desmentida, claro. No entanto, a ausência de espaços adequados e o cotidiano atribulado de nossas vidas, somados a outras questões tratadas neste artigo, evidenciam que o dia a dia já não permite essas conversas, reuniões, debates e a checagem de veracidade dos fatos.

Segundo o texto de Rui Barbosa[9], "A imprensa e o dever da verdade", escrito em 1920:

A imprensa é a vista da Nação. Por ela é que a Nação acompanha o que lhe passa ao perto e ao longe, enxerga o que lhe malfazem, devassa o que lhe oculta e tramam, colhe o que lhe sossegam, ou roubam, percebe onde lhe alvejam, ou nodoam, mede o que lhe cerceia ou destroem, vela pelo que lhe interessa, e se acautela do que a ameaça. (Barbosa, 1990)

Analisando o que é visto nas raras bancas de jornais (ainda paro e fico lendo manchetes), nos programas de televisão, nos veículos internéticos, o que é compartilhado nas redes sociais, a impressão que fica é de que são verdades, revelação de fatos a partir de uma ótica única. Utilizando a citação de Rui Barbosa, parece que estão evidenciando alguns temas aos quais a "Nação" deveria estar atenta, e que há um algoz que "malfaz" o dia a dia das pessoas. Que há alguém que sempre "cerceia e destrói", seja "perto ou longe", questões que "ameaçam" as nossas e as outras vidas: o mundo. E uma consequente omis-

9 Rui Barbosa de Oliveira (1849-1923) foi um político brasileiro, jurista, advogado, diplomata, escritor, filólogo, jornalista, tradutor e orador.

são de notícias que fogem deste cenário preestabelecido.

Em uma reunião intitulada, graciosamente, de "Quintal das palavras", o irmão de um amigo que fez um estudo de imersão em uma comunidade indígena na região norte brasileira, trazendo as suas vivências narradas, experimentadas através de iguarias compartilhadas e uma peculiar cachaça de jambu, trouxe-nos as novas deste lugar, suas impressões e seus passos seguintes. Paramos para ouvi-lo e não duvidamos do que dizia. Era o espaço do acreditar. Acreditar no que se configurava como suas mais vivas impressões. Foi uma noite somente para isso. Uma suspensão no tempo para, de certa forma, entendê-lo.

> Ninguém é contador de histórias a menos que possa relatar um fato tal como aconteceu realmente, de modo que seus ouvintes, assim como ele próprio, tornem-se testemunhas vivas e ativas desse fato. Ora, todo africano é, até certo ponto, um contador de histórias. Quando um estrangeiro chega a uma cidade, faz a sua saudação, dizendo: "Sou vosso estrangeiro". Ao que lhe respondem: "Esta casa está aberta para ti. Entra em paz". E em seguida: "<u>Dá-nos notícias</u>". Ele nos passa, então, a relatar toda a sua história, desde quando deixou sua casa, o que viu e ouviu, o que lhe aconteceu etc., e isso de tal modo que os seus ouvintes o acompanham em suas viagens e com ele as revivem [grifos meus]. (BÂ, 1980)

Amadou Hampâté Bâ[10] realiza, em seu texto "A tradição viva", um sério relato sobre costumes de comunidades africanas calcadas na tradição oral. Dentre outros conhecimentos, mostra-nos a figura do *tradicionalista-doma*, que tem na palavra, na oralidade, a função de comunicar o seu povoado. Diferentemente dos *griots*, "que podem ter duas línguas", os *tradicionalistas-doma* "grandes ou pequenos, obrigam-se a respeitar a verdade. Para eles, a mentira não é simplesmente um defeito moral, mas uma interdição ritual cuja violação lhes impossibilitaria o preenchimento de sua função" (Bâ, 1980, p. 189). Embora não deixem de ser grandes contadores de história, há nesta situação uma preocupação com o que será falado, sua veracidade e o detalhar de gerações – as genealogias, segundo o autor.

Aqui é possível observar que há um ponto de intersecção entre o contar histórias e o noticiar, o trazer o novo. É algo comparável também com a função que eu tinha quando pequeno ao relatar o mundo do esporte e era

---

10 Amadou Hampâté Bâ (1901-1991) foi um escritor e etnólogo malinês, defensor da tradição oral, particularmente do povo fulani. Em 1960 lançou um apelo na Assembleia Geral da Unesco: "Em África, quando morre um velho tradicionalista, é uma biblioteca inexplorada que arde". Era também chamado de "Sábio de África" e "Sábio de Marcory" (comunidade da Costa do Marfim, país onde morreu).

escutado com avidez e, ao mesmo tempo, pacientemente, pelos meus tios e primos. Nas palavras de Hampâté Bâ, eu era o "detentor da palavra" e eles, os "depositários de palavras".

Os noticiários (impressos, televisivos ou internéticos) ocupam, de certa maneira, este espaço do *tradicionalista-doma*, do contador de histórias do cotidiano. São neles que nos informaremos sobre assuntos que são próximos ou distantes do corriqueiro dia a dia.

Ao voltar de férias, um jovem que frequenta a biblioteca onde trabalho veio com as seguintes indagações:

– Magno, me explica algumas coisas que estou vendo e não estou entendendo: o que é Operação Lava-Jato; qual é a mudança que ocorre com o fim do embargo dos EUA a Cuba; o que é o Estado Islâmico e o Putin. Ele é ditador?

Ele, em conjunto com os seus três irmãos mais novos, na faixa etária de 8 a 13 anos, ficaram esperando outro ponto de vista, que poderia ser mais claro em comparação ao que estava sendo veiculado. Para sair do campo da informação, buscando um conhecimento, uma significância para todas estas palavras que a imprensa "vomita" em seus noticiários. A biblioteca torna-se, neste momento, o lugar de suspensão do tempo, assim como uma grande roda de histórias.

Em outra instância, os programas televisivos com nomes assustadores como "Cidade Alerta" e "Brasil Urgente" têm uma elevada audiência em estabelecimentos comerciais, onde os telespectadores ficam hipnotizados, querendo saber o que acontece, aconteceu e acontecerá.

Estas considerações evidenciam a necessidade de pausas, deste tempo para estarmos mais do que apenas informados; com espaços que pensem as notícias, seus encontros, suas reverberações; com tempo para viagens – saber o que acontece no mundo – e um posterior momento para compartilhar estas impressões e pensá--las em grupo. A partir de tudo isso, podemos constatar que as notícias midiáticas, por conta da ausência destes lugares de reflexão, de conversa, de troca, ocupam e fazem as vezes deste aspecto do ato de contar histórias em grandes cidades da sociedade contemporânea de maneira desenfreada, distanciando as possibilidades de que as notícias possam ser potentes histórias que condizem com o interesse de uma população em comum.

3. NOTÍCIAS E A PRODUÇÃO DE REALIDADES

As notícias e a reverberação delas, por contarem e comunicarem histórias apontando caminhos e escolhas, acabam produzindo "realidades".

No documentário "O mercado de notícias" (Furtado, 2014), uma quantidade expressiva de renomados jornalistas e repórteres negam, ao serem questionados a esse respeito, que todas as notícias e reportagens veiculadas são 100% confiáveis e verossímeis. Trazendo aqui a primeira grande distinção entre os periodistas e os *tradicionalistas--doma*: apesar de a audiência contemporânea colocar-se como "depositário de palavras", esperando o crível, o confiável, os "detentores da palavra", neste documentário, assumem que estas palavras podem ser falsas.

Além dessa questão, a produção de realidades começa a ser perniciosa ao retratar histórias de acordo com interesses que não sejam os mencionados por Rui Barbosa. No mesmo documentário de Jorge Furtado, dentre vários casos investigados, o deputado e ex-ministro dos Esportes, Orlando Silva (governos Lula e Dilma Roussef), foi alvo de denúncia por um desses "contadores de histórias do cotidiano": a Revista *Veja*. Além disto, teve quatro minutos e vinte e três segundos do espaço de um dos noticiários com maior audiência da televisão brasileira – o Jornal Nacional, da Rede Globo de Televisão – apenas para repercutir essa "notícia". Segundo o documentário, e também o *site* "Pragmatismo Político" (Pragmatismo Político, 2002), o mesmo noticiário dedicou apenas vinte e oito segundos – e a Revista *Veja* uma pequena nota no meio da edição – para dizer que Orlando Silva foi declarado inocente pela Comissão de Ética Pública da Presidência da República, por absoluta falta de provas.

Ainda: nas entrevistas disponibilizadas pelo site para o mesmo documentário, três jornalistas, em momentos distintos, entraram em concordância em relação aos interesses que a mídia apresenta e representa. Mino Carta afirma que "(...) no Brasil, liberdade de imprensa é liberdade que os barões midiáticos têm de dizer o que bem entendem. Verdade factual, ou não, pouco importa" (Furtado, 2014, 29'). Já Jânio de Freitas complementa essa ideia dizendo que "o jornalismo, num país como o Brasil, é feito por empresas capitalistas interessadas no lucro. O jornalista costuma pensar que um jornal é editado para fazer jornalismo. Não é não. Ele é editado para publicar publicidade. Que é o que dá dinheiro" (Furtado, 2014b, 49'32"). E em uma linha de raciocínio muito próxima, Paulo Moreira Leite argumenta sobre o poder exercido ao escolher alguns fatos noticiados – ele acredita que "imprensa é poder (…) você vai atrás de alguns fatos, não vai atrás de outros fatos, você publica alguns fatos, não publica outros. Você checa muito um fato e você não checa outro (…)" (Furtado, 2014c, 10') – de maneira intencional, complemento.

Com outro prisma, Sueli Carneiro (Carneiro, 2003) diz que temos que ter

(...) o entendimento de que os meios de comunicação não apenas repassam as representações sociais sedimentadas no imaginário social, mas também se instituem como agentes que operam, constroem e reconstroem no interior da sua lógica de produção os sistemas de representação.

E aprofundando esta temática, Christoph Türcke diz que:

(…) desde o século XVII, quando os panfletos esporádicos foram gradualmente se tornando jornais com tiragem regular, ou seja, quando se tornaram empresas que iriam à falência se o material noticiável se exaurisse, iniciou-se uma reviravolta significativa. O meio precisa ser semanalmente, depois diariamente, alimentado com matérias dignas de serem noticiadas, para que ele possa continuar a existir e, quando se torna questionável se os eventos correntes dizem respeito a todos, é necessário que se *faça* que digam. (...) A lei da base da lógica da notícia conduz à sua própria inversão: "A ser comunicado, porque importante" superpõe-se a "importante, porque comunicado". Essa superposição é o tributo sistêmico que o estabelecimento de empresas de notícias e seu gradual crescimento em uma rede de informação abrangente custou. Pode-se chamá-la de perversão da lógica de notícia. (Türcke, 2010)

Apesar dessas constatações, os jornais e revistas de grande tiragem não assumem que estão representando os interesses que lhes convêm – o financeiro e de manutenção de poder, como podemos averiguar com as citações acima – e que são representantes da "perversão da lógica da notícia", narrando com maior ênfase ou omitindo notícias que não sejam representativas desses interesses. O que é observável ao longo de suas campanhas publicitárias em slogans como: "Um jornal a serviço do Brasil", "De rabo preso com o leitor", "O jornal que mais se compra e que nunca se vende" – *Folha de S.Paulo*; "A diferença é que o *Estadão* funciona", "É muito mais vida num jornal", "Quer saber? *Estadão*" – grupo *O Estado de S. Paulo*; e na Revista *Veja*: "Os olhos do Brasil", "Indispensável para o país que queremos ser", "Indispensável para o que você quer ser" e "Quem lê *Veja* entende os dois lados". Todos esses slogans induzem a que se acredite que são fontes confiáveis, isentas e imparciais, como um grande *tradicionalista-doma*, como é possível observar no relato de Renata Ucha, diretora de marketing de *O Estado de S. Paulo*, que afirma que "Essa campanha do slogan "Quer saber? *Estadão*" resgata a essência do *Estadão*: de trazer conteúdo com profundidade. Em meio a tantas notícias, as pessoas precisam consultar uma fonte confiável, como o jornal".[11]

---

11 Disponível em: https://www.estadao.com.br/economia/estadao-estreia-nova-campanha. (26 março 2012). Acesso em: 15 set. 2024.

4. NOTÍCIAS, PERIODISMO E EXPERIÊNCIA

Christoph Türcke apresenta-nos outro ponto nesta função empresarial / financeira dos noticiários e a inevitável produção de reportagens e notícias, vendidas como verdades factuais e criadoras de realidades que representam. Ele apresenta a ideia de "alta pressão de notícias", referente a uma quantidade expressiva de notícias por minuto e de que estamos envoltos em uma torrente que já não permite, quando imersos nela, discernir o que será pensado, refletido e questionado.

Segundo o filósofo alemão, estamos sujeitos, para além de uma torrente de notícias, a uma torrente de excitação, porque não basta que ela seja veiculada. Ela necessita ser percebida (*esse est percipi*), e os atuais meios de comunicação utilizam das mais variadas ferramentas para atingir os seus objetivos. Entretanto, a

> (…) torrente de excitação (...) representa estímulo *demais*. Ela coloca o organismo na situação paradoxal de não ser mais capaz de transformar os puros estímulos em percepção. Deve--se tomar, aqui, o termo "torrente" em um sentido mais literal do que normalmente se faz. Quando se está sob uma torrente de água, os sentidos de equilíbrio e de orientação, ou seja, uma camada profunda do sentimento de si próprio, ficam

vitalmente afetados. Quem é pego em um redemoinho tem a cada instante um aqui e agora diferente. No entanto, não pode localizar-se, orientar-se e, muito menos, apresentar-se. O afogamento na torrente de estímulos é parecido.

Ao entrar nessa torrente, correndo o risco de nos afogarmos, a banalidade diante das notícias é algo decorrente e recorrente. Elas já não são histórias que nos acometem, são só informações. Elas perdem a conexão com aquele que conta e aquele que escuta ou lê. Se, de acordo com Bondía, concordamos que "a experiência é aquilo que nos passa, o que nos acontece, o que nos toca (...) não o que se passa, não o que acontece, ou o que toca", ela finda na atual maneira de como as coisas são reportadas pela grande imprensa ou pela mídia sensacionalista.

Tecendo a relação entre as notícias sensacionalistas – estas que buscam se sobressair às histórias que poderiam ser experiências e serem dignas de pausa e reflexão – e sua mercantilização, o professor e filósofo Ciro Marcondes Filho diz como essa banalização da experiência vai se propagando. Segundo ele:

A prática sensacionalista [é] como nutriente psíquico, desviante ideológico e descarga de pulsões instintivas. Caracteriza o sensacionalismo como o grau mais radical de mercantilização de informação: tudo o que se vende é a aparência e, na verdade, vende-se aquilo que a informação interna não irá desenvolver melhor do que a manchete. Esta está carregada de apelos às coerências psíquicas das pessoas e explora-as de forma sádica, caluniadora e ridicularizadora (...). No jornalismo sensacionalista, as notícias funcionam como pseudoalimento às coerências do espírito (...). O jornalismo sensacionalista extrai do fato, da notícia, a sua carga emotiva e apelativa e a enaltece. Fabrica uma nova notícia que, a partir daí, passa a se vender por si mesma. (Angrimani, 1995)

Türcke diz que esse "bombardeio audiovisual faz os sentidos ficarem dormentes. As sensações criam a necessidade de outras mais fortes" (p.68). Concluindo minha argumentação, podemos pensar que o mesmo raciocínio valha para a imprensa escrita e o bombardeio de "notícias" nas redes sociais. A pergunta que é inevitável neste momento é: Como não sucumbir a esta lógica?

5. CLÁUDIA, MATÉRIA-PRIMA PARA O SENSACIONALISMO

Querida, eu sei que você me ama
Mas agora não reclama, eu tenho que ir
Não se esqueça de botar as crianças

debaixo da cama na hora de dormir
Fica longe da janela e não abre essa porta, não importa
o motivo
Por favor, meu amor, eu não quero encontrar você morta
se eu voltar pra casa vivo
Mas se eu não voltar não precisa chorar
Porque levar uma bala perdida hoje em dia é normal
Bem mais comum do que morte natural
Nem dá mais capa de jornal
Tchau! Se eu demorar, não precisa me esperar pra jantar
E pode começar a rezar
Pra variar estamos em guerra
Pra variar...
("Bala Perdida", música de Gabriel, o Pensador, 1995)

Janeiro de 2014. Uma história chega aos noticiários. Mais uma história dentre tantas outras veiculadas pelos meios de comunicação. Daquelas que nem são "capas de jornal". Seria tratada apenas com uma pequena nota. Mais uma pequena nota. Seria mais uma morte, se não fosse a veiculação de um vídeo que mostra um destrato explícito com o ser humano. Uma mulher sendo arrastada por um carro de polícia. Este carro, que deveria proteger, estava, mais uma vez, como tanto se ouve nos noticiários e tanto se vê nas periferias e favelas, deixando

de cumprir a sua função na sociedade. O vídeo mostra **173**
uma viatura de polícia com o porta-malas aberto, guiado
por três policiais que disseram não perceber que ele se
abriu. Que "se abriu" e que uma pessoa, ferida grave-
mente, estava pendurada por uma corda, sendo arrastada. Arrastada por cerca de 300 metros. Não percebem
também que Cláudia não deveria estar no porta-malas,
assim como diz a lei: feridos ficam no banco dos passa-
geiros. Mas, não com Cláudia. E este vídeo veiculou algo
que, segundo relato de moradores de favelas e periferias,
é muito comum. Os policiais descumprindo o que seria
"um dos principais valores da corporação, que é a preservação da vida e dignidade humana" (nota da Polícia
Militar do Estado do Rio de Janeiro após o incidente
com Cláudia Silva Ferreira).[12]

> A *reality-TV* é um verdadeiro progresso nessa linha [a de bom-
> bardeio audiovisual]. Estar *ao vivo* o mais possível quando
> casas pegam fogo, aviões caem, pilotos de carros sofrem
> acidentes, quando se fazem reféns. Produzir o calafrio de
> uma vivência autêntica: isto aqui não foi montado, é de
> verdade. (Türcke, 2010)

12 Portal Geledés: https://www.geledes.org.br/barbarie-um-saco-
com-quatro-filhos. Acesso em: 15 set. 2024.

Mas os vídeos também não são tão raros. E a tendência é de que não choquem mais. Conforme mostrado até aqui, eles não têm a intenção de tecer histórias, narrativas e possibilitar experiências. Vende-se jornal, ganha-se audiência. Marketing.

É uma notícia que é veiculada no *Jornal Extra*, no *Diário de São Paulo*, no *Jornal Agora*. Versões ditas populares de grandes jornais. Já eles, não publicaram nada em suas capas de jornal.[13]

> Moradores pegam pedras, pneus pra queimar
> As portas de aço do comércio começam a baixar
> Via expressa interditada, nossa ONG vai protestar
> 5 viação bola branca começam a queimar
> Uma loja de eletrônicos não fechou foi saqueada,
> Subiu Web Cam, Hand Cam, Phillip's plasma
> Cherokee capotada com motorista no volante
> O CHOQUE solta o rottweiler pra desfigurar manifestante
> No jornal o âncora dá exclusiva
> Moradores orquestrados pelo tráfico em confronto com
> a polícia
> ("Bala Perdida", música de Facção Central, 2006)

---

13 Conforme pesquisado no Acervo Online dos jornais *Folha de S.Paulo, O Estado de S. Paulo* e *O Globo*.

As notícias nestes casos já são *scripts* conhecidos de quem está um tanto atento à repetição com que isso ocorre. Notícias efêmeras. Notícias que usam números, que não são propulsoras de histórias e permissíveis de ações que façam com que algo como a morte desenfreada de uma parte da população não seja banal.[14] Mata-se porque é traficante (ou conivente com o tráfico), porque é alcoólatra, porque é favelado, porque é negro, porque é negra. Em um país onde, diz em sua lei, não há pena de morte. Contudo, como frisou a artista e pesquisadora Renata Felinto:

Sem conservadorismo, entretanto, contrariando todas as estatísticas e, especialmente, vivências do povo negro, havia ali um rompimento com um círculo histórico familiar que acomete o segmento negro da população. Ali existia uma família, um núcleo familiar nos padrões tradicionais, com mãe, pai, filhos e agregados. Contrariando a realidade de mulheres negras mães sozinhas; de crianças negras abandonadas; de pais negros alcoólatras, presidiários ou desempre-

14 O Mapa da Violência de 2012 constata que no Brasil mata-se majoritariamente negros: 127 mil negros ante 14.928 brancos; e que em 2002 o número de negros mortos era da ordem de 29.656. Disponível em: https://mapadaviolencia.org.br. Acesso em: 15 set. 2024.

gados. Ali havia uma rara família negra estruturada, ainda que, com poucos recursos financeiros, e que a despeito de todos os dispositivos do sistema para eliminar negros e negras, seja psicologicamente, seja carnalmente, eles conseguiram se manter unidos. (O Menelick, p. 64)

A notícia da morte de Cláudia Silva Ferreira chegou ao público que não mora no Morro Congonha/RJ por meio da exibição de um vídeo amador veiculado pelo jornal carioca *Extra* – e talvez só por isso tenha chegado. O vídeo foi indexado a vários outros meios de comunicação online com as seguintes manchetes:

'Trataram como bicho', diz marido de mulher arrastada em carro da PM (Portal G1, 17/3/2014)
Mulher arrastada temia que filhos fossem confundidos com traficantes (Portal G1, 17/3/2014)
'Estava com a perna em carne viva', diz amigo de mulher arrastada no Rio (Portal G1, 17/3/2014)
Viatura da PM arrasta mulher por rua da Zona Norte do Rio. Veja o vídeo (Jornal *Extra*, 17/3/2014)
Mulher é arrastada por carro da PM após ser baleada em favela do Rio (Notícias Uol, 17/3/2014)
Dilma: morte de mulher arrastada por viatura chocou o país (Portal Congresso Em Foco, 18/3/2014)

Seis PMs são indiciados no caso da mulher arrastada por viatura (Jornal *Zero Hora*, 12/5/2014)
PMs presos por arrastar vítima estão envolvidos em 62 ações que resultaram em morte (Portal Estadão, 18/3/2014)
Juíza manda libertar policiais que arrastaram mulher em viatura no Rio (Agência Brasil, 20/3/2014)

De maneira geral, nas notícias veiculadas à época, o anonimato e a substituição do nome de Cláudia por "mulher arrastada" tornaram-se comuns.

Como contraponto na própria imprensa, o que é mais um fato que chama a atenção, foi a também lamentável morte, no ano de 2007, de João Hélio, um menino, que também foi arrastado por um carro e teve seu nome repetido incontáveis vezes. Menino branco de classe média.

Isso reforça que além de ser noticiado porque é vendável, tudo não passa de uma questão de marketing. Não nominar nos faz pensar que é só mais um que morre. É só mais um que não vai vender tantas notícias, é mais um que não tem representação na sociedade. E esse *mais um* que morre tem cor. A cor negra.

Não pode ser apenas um dado estatístico o fato de que a taxa de homicídios de negros no Brasil é de 36 para cada 100 mil habitantes; para não negros, ela é de 15,2. E que, ao nascer, o homem negro perde 1,73 ano de vida, ao mesmo tempo em que os não negros perdem 0,81 (Cerqueira & Moura, 2015).

Cláudia era moradora de uma região que costuma ser exibida nos noticiários por conta das trágicas e lamentáveis notícias de morte. Segundo Türcke, "quando tais áreas repentinamente caem sob os holofotes da opinião pública, isso se dá, na maioria das vezes, de uma forma tão brutal quanto a ignorância sob a qual antes vegetavam" (p. 59). Além desse apagamento de determinadas regiões por parte daqueles que deveriam oferecer dados, como os apresentados aqui, evidencia-se que a população negra morre e que isso não é veiculado.

Conclui-se, assim, que a Cláudia referendada como "mulher arrastada" é um ato de que sua história não importa. Não importa, de fato, que tinha quatro filhos e que cuidava de mais quatro. Não importa o que aconteceu com as crianças, como ficaram, e que histórias vão vivenciar e escutar. E não importa porque, dentre outros motivos mostrados até então, ela é negra. É mais um dado nas estatísticas. É algo passageiro e que não tem uma função de suspensão no tempo – ela não foi "eleita" como digna de uma pausa para reflexão pelo mercado. E, mais que isso, caiu nesta torrente de notícias que se superpõem e se esvanecem.

6. "A PAIXÃO DE CLÁUDIA", A VOLTA ÀS NARRATIVAS. À HISTÓRIA

O movimento negro brasileiro produz e dissemina memória como forma de organização política desde a demanda pelo ensino de história e cultura africana e afro-brasileira nas escolas, tornada lei em 2003, passando pela efetivação do 20 de novembro, dia da morte de Zumbi dos Palmares, como Dia da Consciência Negra; até o sétimo princípio da Carta Proposta da Coalizão Negra por Direitos: "promover o fortalecimento da sistematização e da disseminação de nossas memórias e história, bem como a defesa do direito à imaginação negra, como fundamento para construção de futuro". (Santana, 2022)

Com uma mídia que, como visto até aqui, tem o lucro como prioridade e a torrente de notícias como sua sobrevivência e maneira de se articular na sociedade, bem como a representatividade dos grupos que ela defende, pessoas e histórias que não condizem com isso ficam do lado de fora, e na atual sociedade em que vivemos, "estar de fora é como estar morto em um corpo vivo – incompatível com a dignidade humana" (Türcke, p. 59).

O evento "A Paixão de Cláudia" ganha importância em diversas instâncias, sobretudo ao pautar e suspender, tirar da torrente desenfreada de aberrações uma notícia no meio de todas as adversidades apresentadas, buscando sair deste estado dormente que essa torrente desenfreada nos coloca.

> Majoritariamente mulheres, negras e brancas, e alguns homens, negros e brancos, somaram-se em poucas semanas para organizar uma manifestação pública, um ato cultural que expressasse a nossa indignação, dor e amor, tendo a arte como viés artístico, conceitual e reivindicador. Dedicamos algumas poucas horas de nossas vidas a pensarmos em como realizar um ato cultural sem verba ou apoio financeiro das entidades tradicionais do movimento humano. Até mesmo elas estão anestesiadas ou paralisadas? (Felinto, 2014)

O ato, com a presença de cerca de 800 pessoas, pode ser comparado a uma retomada das narrativas, no sentido exposto neste trabalho por Amadou Hampâté Bâ, e a uma contravenção da falta de experiência provocada por esta mercantilização de notícias e o seu periodismo. Consiste em uma suspensão no tempo. Um reunir e mostrar publicamente que algo tem que ser feito. E o que de repente pode ser uma resposta para esse texto: indubitavelmente, essa história tem que ser contada!

Porque, afinal, concordando com o músico e compositor Dica L. Marx:

O time de uniforme cinza continua invicto, além de ser o
time com a maior torcida. Afinal, é o time do apresentador
idiota do telejornal, é o time das "pessoas de bem", é o time
até do governador. Uma vez ou outra, alguns torcedores dos
times adversários questionam a liderança do campeonato,
mas a "marcação é cerrada", o time de uniforme cinza faz o
que quer com as regras do jogo. Contra eles, até gol contra
conta a favor. No replay, eles editam as imagens, mostram
de um outro ângulo e, se alguém reclamar, eles têm várias
formas de "tirar-teima". Primeiro são as "bolas de borra-
cha". Se machucar, nada como um pouco de "spray", que,
aos olhos dos telespectadores, é refresco. Caso continuem
teimando, um deles manda uma "bomba" que ninguém
defende, afinal, ela é tão forte que tem efeito moral e deso-
rienta o time adversário.
E, assim, o jogo segue com um a menos em campo.
(Marx, 2012)

Ainda, é importante noticiar que os policiais envolvidos
já foram soltos, como largamente noticiado na imprensa, e, pasme, inocentados: "Os acusados agiram em legí-
tima defesa para repelir a injusta agressão provocada

pelos criminosos, incorrendo em erro na execução, atingindo pessoa diversa da pretendida", escreveu o juiz Alexandre Abrahão Teixeira (em tempo: os envolvidos – nominados como bandidos – no caso João Hélio estão cumprindo pena até hoje[15]).

> **Paixão**. *Substantivo feminino*. Sentimento ou emoção levados a uma alta intensidade, sobrepondo-se à lucidez e à razão | Do lat. *passïon-õnis*: sofrimento.

Há quem diga que Jesus sofreu e morreu na cruz, por nós, seus descendentes. A analogia em cima do evento "A Paixão de Cláudia" torna-se clara: Cláudia morreu e Cláudias, Amarildos, Yagos, Ágathas, João Vitor, Vanessas, Kauês, Kauans e Marias Eduardas, Josés, Franciscas e Severinos – iguais em tudo e na sina – morrem e são mortos por nós todos os dias. Pela bala, pela polícia ou pelo esquecimento. Por não contar uma história.

O corpo, o atabaque, a cantoria, o caminhar, o carregar o cartaz, a dança, a ida de uma igreja a outra, a romaria, o ritual, a ancestralidade, as crianças, os artistas,

---

15 Disponível em: http://www1.folha.uol.com.br/cotidiano/2008/01/368324-juntos-acusados-por-morte-de-joao-helio-sao-condenados-a-167-anos-de-prisao.shtml. Acesso em: 08 set. 2024.

ativistas em contato com o público através de uma narrativa, todos definem uma maneira de sair da torrente, de não ser refém da grande e da sensacionalista mídia. A narrativa volta ao público, que revive essa memória. O público, que se presta a partilhar dessa romaria e de todos os símbolos que ela representou e representa, teve uma percepção distinta do que em geral temos ao apenas abrir as páginas do jornal ou escutar, como um rebanho, o âncora do programa de televisão. A possibilidade de tecer experiências que o evento coloca e sua reverberação, de refazer perguntas, como, por exemplo: qual é a rede que cuidará das crianças que Cláudia se responsabilizava? Como ficam essas infâncias, como tantas outras? Que leituras de si e da sociedade estamos comunicando a elas ao não lidar com essas narrativas mais do que presentes? Quais histórias não devemos deixar de contar? Parece-me fundamental escolher e tratar bem essas palavras para criar a possibilidade de viver ou reviver rituais ancestrais, de sentir e construir juntos – momentos rarefeitos do nosso dia a dia. E pensar e promover outras ações, por justiça e respeito às infâncias, adolescências – ou seja, a nós, como um grande grupo.

Para que, enquanto pessoas adultas e responsáveis, possamos tecer com crianças e adolescências outras narrativas de si e do mundo. O "esperançar" como verbo de Paulo Freire e o "combinamos de não morrer", como nos profere uma das nossas maiores contadoras de histórias, Conceição Evaristo. Em nome de Cláudia, de sua família e de todos nós. Amém. Axé.

REFERÊNCIAS BIBLIOGRÁFICAS

ANGRIMANI, Danilo. *Espreme que sai sangue – Um estudo do sensacionalismo na imprensa*. São Paulo: Summus, 1995.

BÂ, A. H. A tradição viva. In: *História Geral da África I. Metodologia e pré-história da África*. Organizado por Joseph Ki-Zerbo. São Paulo: Ed. Ática/Unesco, 1980.

BARBOSA, Rui. *A imprensa e o dever da verdade*. São Paulo: Edusp. 1990.

BONDÍA, Jorge Larrosa. Notas sobre a experiência e o saber da experiência. In: *Revista Brasileira de Educação*. Jan/Fev/Mar/Abr 2002.

CARNEIRO, S. (2003). Mulheres em movimento. *Estudos Avançados*, 17(49), pp. 117-133. Disponível em: <https://www.revistas.usp.br/eav/article/view/9948>. Acesso em: 15 set. 2024.

CERQUEIRA, D. & MOURA, R. *Nota técnica: Vidas Perdidas e Racismo no Brasil*. Brasília, DF. Ipea. 2013. Disponível em: <http://www.clicrbs.com.br/pdf/15880466.pdf>. Acesso em: 22 fev. 2015.

FELINTO, Renata. Paixão de Cláudia – A arte como instrumento de mobilização: sobre a força do ato cultural. In: *O Menelick 2° Ato*. Ano IV. Edição ZEROXII. São Caetano do Sul, SP. Mandelacrew Comunicação e Fotografia, 2014.

FURTADO, Jorge. *"O mercado de notícias"*. [DVD] Produção de Nora Goulart, direção de Jorge Furtado. Porto Alegre: Casa de Cinema de Porto Alegre, 2014. DVD, 94'.

_____. *"O mercado de notícias – Entrevista Mino Carta"*. [vídeo] 2014a. Casa de Cinema de Porto Alegre. 29'57". Disponível em: <https://www.youtube.com/watch?v=TNDNkGgpUVc>. Publicado em: 01/12/2014. Acesso em: 15 set. 2024.

_____. *"O mercado de notícias – Entrevista Janio de Freitas"*. [vídeo] 2014b. Casa de Cinema de Porto Alegre. 54'24". Disponível em: <https://www.youtube.com/watch?v=Qy5ek6Z9Q2I> Publicado em 26/04/2014. Acesso em: 15 set. 2024.

_____. *"O mercado de notícias – Entrevista Paulo Moreira Leite"* [vídeo] 2014c. Casa de Cinema de Porto Alegre. 45'53". Disponível em: <https://www.youtube.com/watch?v=gxLs2dnIYpE> Publicado em 20/06/2014. Acesso em: 15 set. 2024.

MARX, D. L. "Tá lá um corpo estendido no chão ou Brasil, o país do futebol". 2012. Disponível em: <https://dicalmarx.wordpress.com/2012/04/16/256/>. Acesso em: 15 set. 2024.

PRAGMATISMO POLÍTICO. "Inocência de Orlando Silva ganha 28 segundos no Jornal Nacional". (19/06/2002). Disponível em: <http://www.pragmatismopolitico.com.br/2012/06/inocencia-de-orlando--silva-ganha-28-segundos-no-jornal-nacional.html>. Acesso em: 15 set. 2024.

SANTANA, Bianca. Despachar o que nos assombra, eleger quilombo nos parlamentos. *In:* SANTOS, Helio. *A resistência negra ao projeto de exclusão racial: Brasil, 200 anos (1822 - 2022)*. São Paulo: Jandaíra, 2022.

TÜRCKE, Christoph. *Sociedade Excitada – Filosofia da sensação*. Campinas: Editora Unicamp, 2010.

Manifesto Literatura Indígena: um rio de muitas histórias

Tiago Hakiy[1]

[1] Poeta e escritor, formado em Biblioteconomia pela Universidade Federal do Amazonas, contador de histórias tradicionais indígenas. É cofundador e presidente do CLAM (Clube Literário do Amazonas) e participante dos projetos relacionados à cultura indígena com o Instituto UKA (Casa dos Saberes Ancestrais).

UM RIO DE HISTÓRIAS EM MIM

Nasci no coração da floresta amazônica, em uma comunidade chamada Freguesia do Andirá, no município de Barreirinha, que fica distante da capital, Manaus, aproximadamente 370 km em linha reta. Minha comunidade está desenhada à margem direita de um belo rio, chamado Andirá, um braço de água que dá nome ao lugar onde nasci. É um lugar paradisíaco, de belas praias na época de vazante do rio. Temos pássaros cantando, chamando o dia e embelezando ainda mais as vivências amazônicas.

Descendo de um povo indígena, chamado povo Mawé ou Sateré-Mawé, como é comumente conhecido. Este povo vive na região norte do Brasil, mais precisamente na terra indígena Andirá-Marau, localizada na fronteira dos estados do Amazonas e do Pará; estamos também na área urbana da cidade de Manaus. Na sua maioria, o nosso povo é bilíngue – falamos a língua materna, Sateré-Mawé, e o português.

Os Sateré-Mawé são orgulhosos do seu nome, pois representa plenamente a nossa cultura e tradição. Sateré significa "lagarta de fogo". Dentro do povo existem vários clãs, e este é o mais importante, pois é o clã político; somente quem faz parte dele poderá ser escolhido como Tuissá, que é o chefe político desta sociedade.

O segundo nome, Mawé, quer dizer literalmente "papagaio falante, inteligente e curioso". Foram os Sateré--Mawé que primeiramente domesticaram o guaranazeiro, uma trepadeira de onde se colhe o fruto guaraná, usado para a produção do sapó, uma bebida feita de guaraná ralado com água. É um energético natural que os homens da aldeia tomam antes de ir para as caçadas e pescarias.

Descendo desse povo, de uma oralidade carregada de ensinamento, cultura e tradição. Por isso que hoje escrevo, para perpetuar minha memória ancestral, para dar um sentido de existência, para ser resistência ao apagamento cultural imposto não apenas ao meu povo, mas a várias nações indígenas que existiram e ainda existem neste País continental. Conto as histórias do meu povo para que outros possam conhecer a beleza da oralidade, o encanto dos meus avós compartilhando sabedoria em noites de lua cheia, ao longe, o canto dos pássaros e o rio Andirá seguindo seu curso ancestral, deixando em suas margens memórias e vivências.

Escrever nossas histórias é lutar contra todo apagamento cultural imposto a nós indígenas, é dizer que nossos grafismos recontam as lutas, as dores, mas, acima disso, o orgulho de sermos os donos desse lugar, de trazer no DNA o pertencimento a esse chão, o olhar do céu estrelado abençoando cada história contada oralmente, e que hoje são compartilhadas nos livros e outros instrumentos de recontos, seja na poesia, na música, nos filmes e nas academias.

Hoje nossas histórias se perpetuam nestas brisas de belezas e tecnologias que não são originalmente nossas, mas são caminhos para enraizar e dar asas à nossa memória ancestral. A caminhada até aqui não foi tão fácil quanto parece, pois o indígena estava fadado a ser musicalizado em *"índio" fazer barulho* ou erotizado em *"índia" seus cabelos nos ombros caídos*, ou ser lembrado no dia 19 de Abril como aquele povo silvícola e de pena na cabeça. Nós precisamos bradar que existe muito mais que isso, existe uma identidade só nossa, uma literatura que não tem necessidade da escrita convencional. Há sim uma identidade cultural viva, carregada da riqueza dos nossos antepassados, bela e única. Por isso escrevo, para dar continuidade à existência e ser resistência do meu povo.

TENTARAM SILENCIAR NOSSAS VOZES ANCESTRAIS

Ao longo do processo histórico da formação do Brasil, nós indígenas fomos vestidos com todas as roupas da discriminação e desrespeito, e submetidos aos olhares de quem nunca nos enxergava como nós mesmos nos enxergávamos.

Tentaram sufocar nossa cultura. Mais que isso, tentaram silenciar nossas vozes ancestrais, apagar toda a nossa relação de bom convívio com a Terra-Mãe, e impor como única verdade a cultura embranquecida, civilizada e absoluta. Porém, a nossa cultura manteve-se viva e resistiu na copa das árvores da densa floresta de nossos corações. E nunca deixamos essa chama apagar porque somos a própria terra e ela tem resistido em cada um de nós. E hoje também umas das formas de resistência é a da escrita, nos livros feitos de matéria que resiste ao tempo e são compartilhados para muitos leitores, que têm a oportunidade de reconhecer um pouco mais a respeito dos povos originários. E assim, quem sabe, poderão entender e respeitar nossa riqueza cultural.

Meu papel hoje como escritor de vários livros é também de guardião desta riqueza cultural carregada de oralidade e que muito contribuiu e continua contribuindo para a formação da nação brasileira. Sou bibliotecário em uma escola pública na cidade onde hoje moro, um ambiente repleto de memórias guardadas nos livros, de autores variados. Entristeço-me em perceber que não encontro livros de autores indígenas, sabendo que existe uma grande variedade de livros escritos por esses autores, muitos premiados nacional e internacionalmente.

Tentaram usurpar nossas terras. Caminhamos em direção a outras, e cada lugar onde montamos nossa aldeia tornou-se um lugar de pertencimento, e ainda que o outro novo lugar não faça mais parte fisicamente de nós, ele ainda nos pertence porque somos e sempre seremos os donos e os primeiros cuidadores e habitantes dele. Nosso legado é cuidar e sermos cuidados pelo território ao qual pertencemos.

Tentaram nos fazer não indígenas, nos mascarando com sonhos sem alma. Porém, a tradição dos sons da floresta, do canto dos pássaros, do murmúrio do rio, não acaba tão fácil assim, pois, quando nascemos, isso nasce conosco, e ainda que nossas peles sejam mutiladas ou parte de nossa gente exterminada, esse sentimento permanecerá em cada um de nós.

FAZER VALER OS NOSSOS DIREITOS

Foram séculos de luta, séculos de dor, mas da mesma forma que esperamos a mandioca crescer, para depois colhermos e saciarmos nossa avidez por um alimento, esperamos o momento certo para fazermos valer nossos direitos, lutando pela terra que sempre foi nossa. E para isso, em muitos momentos foi necessário usar o arco e a flecha, o tacape da coragem para entrar na política e dentro dessa arena lutar por direitos que o Estado deve nos proporcionar, como Educação, Saúde, respeito às nossas manifestações culturais, direito ao nosso território – garantias essas conquistadas com muito sangue derramado, que mostram que estamos aqui e resistimos. E hoje somos sujeitos com plenas condições de decidir sobre nosso mundo, o nosso jeito de viver, e, principalmente, zelar pela liberdade que sempre tivemos, mas que teve que ser escrita em papéis de brancos para que ela fosse devidamente tutelada, apesar de esse entendimento ser intrínseco a cada um de nós. Porém, a mim cabe o entendimento de que não precisamos desse "tutelamento" por parte do Estado. Durante séculos, as nações indígenas foram capazes de reger sua sociedade, e isso prova que podemos seguir construindo nossa história.

Para lutarmos diante dos não indígenas pelo que sempre acreditamos foi preciso nos valer de suas armas, nos vestirmos com suas armaduras e seus pensamentos. Ingressamos na política, procuramos entender a visão dos brancos. Ingressamos nos bancos escolares, escalamos o abismo que tínhamos e aprendemos a ocupar também os lugares que diziam ser somente deles. Trabalhamos para ter nossos direitos respeitados por lei. Passamos a ser olhados com mais respeito. Começamos um novo processo de construção histórica, ou melhor, passamos a reinventar nossa história, ou melhor, a escrever nossa história, aquela que ecoa em cada corpo-voz indígena que existe em cada canto deste País. Contamos essa história não só com palavras feitas de verbo e sintaxe, mas com a linguagem no seu sentido amplo de palavras, feitas de verdade e tradição, feitas do tupi, do guarani, do sateré e de tantas línguas mais. A nossa variedade linguística é imensa: de acordo com o Censo Demográfico de 2010, do Instituto Brasileiro de Geografia e Estatística (IBGE), o Brasil contava com 274 línguas indígenas faladas por 305 povos.

Escrever é mais uma ferramenta que aprimoramos dos não indígenas para contarmos a nossa história, dizermos como é rica a galáxia de nossas tradições. Assim podemos contribuir para a transformação de uma sociedade contaminada pelas futilidades, uma sociedade que aos poucos esqueceu a beleza do outro ser humano, dos seres não humanos, esqueceu de cuidar da Terra-Mãe, de plantar flores de esperanças, esqueceu que a liberdade é o maior bem humano e que nossos corações são intimamente ligados ao ar, à água, à terra, ao fogo, e dessa essência viemos e para lá retornaremos.

A LITERATURA INDÍGENA E SEU ECO SINGULAR

Viajo por vários lugares do Brasil, participando de eventos literários, para divulgar a cultura indígena e a literatura. Escrevo poesia, um gênero ainda pouco explorado na literatura infantil indígena e na literatura indígena de modo geral. É impossível não ser poeta quando se nasce no paraíso. Eu, que nasci na margem de um rio inspirador e cresci ouvindo belas histórias, não poderia deixar de ser poeta e narrar as belezas das histórias que me presentearam quando criança. Na poesia encontro um caminho carregado de imagens e sonoridades, que auxiliam no encantamento do leitor e propiciam uma navegação mais plena pelo imaginário amazônico.

Tenho mais de quinze livros publicados, entre narrativas e poesia. Entre eles, destaco dois em especial: *A pescaria do Curumim e outros poemas indígenas* e *Poemas para curumins e cunhantãs.* Nestes livros pude compor um caleidoscópio do nosso universo de rios e floresta, além de ser "um convite à descoberta e valorização da diversidade amazônica", como afirma Celdo Braga[2]. O primeiro livro foi contemplado pelo programa "Leia com uma criança", do Itaú Social, e teve mais de 2 milhões de exemplares distribuídos para todo o Brasil. O segundo livro tece um panorama das vivências dos curumins e cunhantãs (meninos e meninas) cujas vivências se fazem sob as grandes árvores e nas margens dos rios amazônicos.

A literatura escrita por indígenas tem um eco singular, que é diferente, é nosso, como nosso é o murmúrio dos rios, os sons da floresta e os grafismos que não estão somente em nossos corpos, mas em nossas almas, nos identificando nas histórias e na beleza das palavras presenteadas pelo tempo.

A escrita dos indígenas são caminhos que nós buscamos para fazer valer nossos sonhos e ideais, a perpetuação das memórias ancestrais. Nossa oralidade e grafia mostram que nossa existência é real, que somos parte dessa história, que podemos contar o quanto fomos e somos

2 Nascido em Benjamin Constant (AM), Celdo Braga é professor, poeta, músico e compositor, com formação em Letras pela PUC-RS.

importantes para compor essa Nação, de nos orgulhar do que somos, de enxergar nos livros o nosso eu, e ver muito mais semelhanças que diferenças.

Reafirmo que atualmente há uma variedade de escritores e escritoras indígenas que são publicados, alguns premiados nacional e internacionalmente. E essa escrita tem suas particularidades, pois ela tem o descortinar das tradições presentes nos povos da floresta, nos grafismos repassados por antepassados, tem contornos da fala dos velhos que repassavam o saber da Terra-Mãe em rodas de histórias, encanto de curumins e cunhantãs.

Escrevemos para nos dizer, para existir, para resistir. O caminho dentro do contexto em que eu me encontro é para além das narrativas: me visto de poesia para contar, por meio do universo poético, o meu legado ancestral. E quando percebo que crianças de outros lugares leem meus livros, sinto meu compromisso sendo realizado, pois, além de escrever para curumins e cunhantãs, que nasceram no mesmo ambiente que eu, escrevo para que os outros e outras, de outros lugares, possam andar na canoa do imaginário pelo nosso ambiente amazônico e se sintam responsáveis em cuidar dos rios e florestas onde vivem.

É navegando no rio da poesia que encontro a melhor forma de descrever as belezas amazônicas, de dar forma escrita à sonoridade do canto dos pássaros, de encontrar as curvas dos rios e o murmúrio das brisas em fins de tarde, um fim de tarde carregado de belezas ancestrais, e que a poesia é capaz de desenhar, em linguagens, o nosso grafismo multicultural.

A literatura indígena presenteia os leitores com suas várias histórias espalhadas pelo País, e esse é um rio de muitas belezas que precisamos conhecer. E os autores que fazem parte desta caminhada constroem uma riqueza literária enraizada na oralidade, produzindo, assim, livros singulares, carregados de imagens e encantos únicos. Lendo Daniel Munduruku, percebo o quanto são livros belos, a naturalidade de suas histórias, que contam e recontam a beleza cultural do seu povo, cuja força ancestral se mostra presente em sua escrita literária.

Esta mesma percepção tenho ao ler Yagarê Yamâ, quando traz a simbologia mística do Curupira, guardião da floresta, e que também é guardião da história do seu povo e dos segredos da floresta. Graça Graúna, escritora potiguara, assume com primazia a identidade indígena, carregada dos saberes que os povos originários nunca perderam, que estavam adormecidos apenas. Não posso deixar de mencionar Eliane Potiguara, liderança indígena precursora do lugar de fala, que não se calou, não se curvou quando tudo parecia escuro e sem trilhas. Se eu lesse o livro de cada um desses escritores sem identificação na capa, eu iria encontrar a mesma beleza ancestral presente na identidade cultural de cada povo.

É a identidade que marca o cerne da literatura indígena. Ela tem um DNA, uma particularidade inerente aos povos que nasceram dentro da oralidade e que, para resistir aos apagamentos culturais, repassaram seu legado cultural por meio da contação de suas histórias. Elas compõem um caleidoscópio ancestral e significativo para a formação da nação brasileira.

A literatura indígena nasce sempre da oralidade. Junto vêm as brisas da ancestralidade, o calor da manhã, o murmúrio das águas que entram pelo igapó e deságuam nos lagos e se transformam em rios de cantos ancestrais. Cada história contada chega para ensinar, para trazer uma lembrança, o recado de uma estrela – e essa estrela ilumina o caminho de vivências de tempos imemoriais. Cada curumim e cunhantã, ao caminharem na mata, trazem em seu olhar ensinamentos que os mais velhos transmitiram, por isso sabem que precisam continuar caminhando e preservando o legado dos que vieram antes.

A escrita é como a canoa singrando as águas do rio, em uma beleza que sabe aonde quer chegar, sabe o caminho dos igarapés, sabe navegar por entre as árvores do tempo, entre as canaranas[3] e os rebojos[4] das lembranças, que desvendam florestas aquáticas para chegar em um lago ou em outro tempo de memórias e vivências da ancestralidade.

Por isso escrevemos, para resistir, para existir a todas as intempéries dos apagamentos históricos, para deixarmos de ser invisíveis e permitir que as gerações que virão possam dar continuidade à primorosa festa que a literatura indígena vem construindo. Não apenas nas narrativas, mas também no canto poético presente na escrita de cada indígena. Que possamos seguir poetizando:

Vestidos por florestas
Singramos rios
Singramos a ternura das nuvens
E aqui chegamos.
Trazemos o canto do vento
O piar da coruja e do gavião
A lembrança de dez mil anos
A territorialidade e território que marcam

3 Canaranas é o nome de uma espécie de planta aquática que se forma em períodos de estiagem, também conhecida como capim marreca.

4 Rebojos são redemoinhos de água que se formam em rios e levam objetos para o fundo.

Nossos corpos onde quer que estejamos.
Somos indígenas
Somos sangue que corre nas veias
Somos o recontar da História do Brasil.
Existimos e isso nunca a História poderá apagar.
De dez mil flechas
E todos os versos de nossas tradições.
Somos guerreiros
Sem flechas e tacapes.
Lutamos com palavras
Defendendo a cultura de nossos povos
Preservando a identidade de ser indígena
Ameaçada de extinção.
Nascemos para o conto
Para a beleza das histórias
Para a poesia e sua emoção.
O tempo não é mais de lamento.
O tempo é do ritual das palavras
Em versos
Em sonhos
Que nos dissecam a alma
E revelam aquilo que somos:
Indígena e tradição,
Grafismo, cultura e coração.

Com os pés, a alma e as flechas

por Márcia Licá

As boas histórias são recontadas ou rascunhadas muitas vezes, correm de boca em boca, de mão em mão até ecoarem ligeiro e alto. Pois é, este novo filho da Coleção Gato Letrado já estava concebido, na trajetória de cada pessoa que fez parte de sua parição. Quando Leonardo, editor da Pulo do Gato, me convidou para organizar o que ele chamou de novo "desafio", eu vibrei do outro lado. Já admirava o catálogo da Pulo do Gato, então foi o flerte certeiro. A primeira imagem que veio à minha cabeça foi a de uma roda com pessoas bem-queridas para uma conversa sobre a literatura negra, a literatura indígena e as infâncias.

As tessituras reunidas aqui são arrematadas por gente amiga, sabida, afetuosa e muito engajada, pessoas que acreditam, assim como eu, que o acesso à leitura e à literatura desde a infância e com a infância pode ser um jeito de "criar paraquedas coloridos para adiarmos o fim deste nosso mundo", como escutei de Ailton Krenak. Os textos apresentados nesta obra são também extensões das vivências das escritoras e escritores, embora alguns estivessem carinhosamente guardados só esperando o momento certo para se mostrarem ao mundo. Seguimos tendo o registro escrito como ato revolucionário e intergeracional de pessoas indígenas, negras e brasileiras que agem com pés e alma fincados no passado e flechas armadas no presente, mirando o futuro.

SOBRE AS/OS AUTORAS/ES

MÁRCIA LICÁ

Mulher indígena-negra, mãe de Teresa, nasceu no interior do Tocantins, onde passou parte da infância aos cuidados de sua avó materna – pertencente à linhagem de mulheres indígenas do povo Ramkokamekrá, do Maranhão –, nutrida pelos afetos das histórias que ela contava. Andarilha desde cedo, entre o Sudeste e Norte, assentou morada na favela Real Parque, em São Paulo.

É pedagoga e pós-graduada em Literatura Crítica para Crianças. É mediadora de leitura com orgulho, uma paixão, missão de vida e trabalho. Possui fluida caminhada de mais de 20 anos no campo educacional, com engajamento comunitário e ativismo junto às bibliotecas comunitárias. Atualmente, aprofunda a pesquisa "Presenças Negras na Literatura Infantil: Leituras de Crianças Quilombolas do Maranhão" na FE-USP.

Coordenou a produção de conteúdo na Vaga Lume, organização social com atuação na Amazônia – sentindo-se parte deste território, durante 14 anos, não foi difícil ser uma educadora de campo, mediando muitas leituras, formando mediadoras e mediadores de leitura nas mais de 100 comunidades que conheceu. É cofundadora da Coletiva Fiandeiras, grupo periférico de mulheres negras ativistas de direitos humanos nas favelas Real Parque e Jardim Panorama.

SONIA ROSA

Carioca, é mestre em Relações Étnico-Raciais (Cefet/RJ), pedagoga, professora, escritora de literatura negro-afetiva para crianças e jovens, e consultora de Letramento Racial em diversas escolas do Brasil.

Cresceu numa casa cheia de histórias, projetos de futuro e muito amor. Tem mais de 60 livros publicados, alguns editados fora do Brasil, além de doze bibliotecas batizadas com seu nome em escolas do Rio de Janeiro. Costuma dizer que todo professor precisa estudar a vida inteira e abraçar em seu cotidiano escolar as leis 10.639/2003 e 11.645/2008 numa perspectiva de uma educação antirracista, dentro e fora da escola.

JULIANA PIAUÍ

Mulher negra ladinoamefricana, mãe, ativista, coletivizada, trabalhadora, pesquisadora. É da comunidade Real Parque, na cidade de São Paulo, com raízes no semiárido baiano e agreste pernambucano.

Já atuou com educação popular, na formação de professores alfabetizadores e, desde 2013, tem atuado na formação de profissionais das redes de educação de diferentes municípios brasileiros. Realiza assessorias e produção de conteúdos sobre educação, infâncias, literatura e relações étnico-raciais.

É graduada em Pedagogia pelo Instituto Superior de Educação Singularidades, em Gestão de Políticas Públicas pela Escola de Artes, Ciências e Humanidades da Universidade de São Paulo (EACH/USP). É especialista em Literatura para Crianças e Jovens pelo Instituto Superior Vera Cruz. É cofundadora da Coletiva Fiandeiras, coletividade composta por mulheres negras e afro-indígenas.

Nas histórias, orais e escritas, contadas e lidas, tem encontrado arrimo para compor pensamentos, afetos, memórias, expressão e imaginação.

CARINA OLIVEIRA PATAXÓ

É Pataxó, nasceu na cidade do Rio de Janeiro. Filha de Ademir e Maria, ainda menina ouvia diversas histórias – as que mais gostava eram sobre seus avós. Ao pé do pequeno lago que se formava com a chuva na Aldeia-Mãe, em Barra Velha (BA), Carina ouvia histórias dos sábios velhos e da água – a voz da chuva. A voz, o corpo, a dança. Atualmente, Carina conta parte das histórias que ouviu outrora… é professora de biblioteca.

Carina é pedagoga (UFRJ), mestre em Educação (UFRJ), doutoranda em Educação (UFRJ) e pesquisadora da literatura indígena há mais de seis anos. Entre diversas atividades, atua como curadora de feiras literárias indígenas. "A literatura indígena, entre outras, é a possibilidade diária de relembrar quem e quanto coletiva sou."

ANANDA LUZ

Cresceu longe dos livros, mas recheada de histórias contadas pelos mais velhos que estavam ao seu redor. Os livros vieram mais tarde e, de lá para cá, nunca mais parou de ler. "Eles se tornaram um território de bons encontros, e foram tantas as possibilidades que vivi ao ler, que, quando me tornei professora, só queria compartilhar com as crianças. E, como elas são generosas e grandes pesquisadoras, me presenteavam com muitas perguntas." A partir das questões que surgiam nas rodas de mediação de leitura, tornou-se pesquisadora dos livros para as infâncias. Está sempre lado a lado com as crianças, na sede de compartilhar mais livros e histórias para gerar mais e mais diálogos.

Atualmente, tudo que faz, de certa forma, é o desdobrar desse território que a provoca intensamente. Fez mestrado em Ensino e Relações Étnico-Raciais e hoje coordena o curso de pós-graduação "O Livro Para a Infância e Educação e Relações Étnico-Raciais" (A Casa Tombada, SP). Foi curadora, no SESC Bom Retiro, da exposição "Karingana – Presenças negras no livro para as infâncias" e criou o projeto "Bamberê – Entre livros e infâncias", que compartilha livros e leituras para todos os cantos.

MAGNO RODRIGUES FARIA

Filho e cria de Guaianases, zona leste da cidade de São Paulo, é pedagogo formado pela Faculdade de Educação da USP, com experiência nas redes de ensino pública, privada e no terceiro setor.

Tem especialização em "Arte de contar histórias – Abordagens poética, literária e performática" (A Casa Tombada,

SP) e em escutar histórias de sua avó Maria Lídia Rodrigues e de sua tia, lá de Minas, a Madalena! Desde 2010 trabalha como educador de biblioteca pelo ateliescola acaia, onde atua como coordenador-geral da escola e da biblioteca. De lá para cá foi: gestor do Instituto Çarê, em conjunto com o coletivo @vozes_perifericas; organizador do livro *Vozes Periféricas*; colaborador e júri da *Revista Emília*, no projeto "Destaques da Revista Emília"; pré-júri do Prêmio Barco a Vapor, da Editora SM; cocurador do "Ciclo Palavras Mágicas", de A Sementeira; professor convidado da pós-graduação em "Literatura para crianças e jovens", do ISE Vera Cruz, e das pós-graduações "Livro para infância" e "Educação e Relações Étnico-Raciais" (A Casa Tombada, SP). Além disso, como contador de histórias, já passou por espaços de educação e cultura, como a Biblioteca Mário de Andrade, Itaú Cultural, Sesc, Quintal da Cultura – TV Cultura, Museu da Língua Portuguesa, Biblioteca Comunitária Caminhos da Leitura, Feira Preta, A Casa Tombada, Terça Afro, Mostra Cultural da Cooperifa, entre outros.

TIAGO HAKIY

Poeta e escritor, tem mais de quinze obras publicadas. É também bibliotecário formado em Biblioteconomia pela Universidade Federal do Amazonas e contador de histórias tradicionais indígenas. Nasceu no município de Barreirinha, no coração da floresta amazônica, à margem de um maravilhoso rio, cheio de belas praias, chamado Andirá.

Viaja por vários lugares do Brasil, participando de eventos literários, para divulgar a cultura e a literatura indígenas. Participa de projetos relacionados à cultura indígena junto ao Instituto UKA. Foi um dos fundadores e o primeiro presidente do CLAM (Clube Literário do Amazonas), do qual atualmente é embaixador cultural.